H Neumann

Polizeiverordnungen der Stadt und des Kreises Mülheim am Rhein

H Neumann

Polizeiverordnungen der Stadt und des Kreises Mülheim am Rhein

ISBN/EAN: 9783743666221

Hergestellt in Europa, USA, Kanada, Australien, Japan

Cover: Foto ©ninafisch / pixelio.de

Weitere Bücher finden Sie auf **www.hansebooks.com**

Polizei-Verordnungen

der Stadt und des Kreises

Mülheim am Rhein

nebst einer Auswahl der gebräuchlichsten

Regierungs-Polizei-Verordnungen.

Zusammengestellt von

H. Neumann, Königlicher Amtsanwalt.

Mülheim am Rhein.

Druck und Verlag von C. G. Künstler Wwe.

1894.

Inhalts-Verzeichniß.

Seite

1. Bestimmung über die Art der Verkündigung orts- und kreispolizeilicher Vorschriften, sowie über die Form, von deren Beobachtung die Gültigkeit derselben abhängt 3

Bau-, Feuer- und Sicherheits-Polizei.

2. Verordnung betreffend die zum Schutze des Publikums bei öffentlichen Versammlungen, Lustbarkeiten u. s. w. zu treffenden Sicherheits-Maßregeln 4
3. Verordnung betreffend die bauliche Anlage und innere Einrichtung von Versammlungsräumen u. s. w. 5
4. Verordnung betreffend Schornstein-Reinigung . . . . . . 9 u. 129
5. Bekanntmachung betreffend Eintheilung der Stadt Mülheim in vier Alarmbezirke . . . 12

Kultus- und Sittenpolizei.

6. Verordnung betreffend die Kirchhöfe 13
7. Desgleichen 14
8. Verordnung betreffend das Baden im offenen Rheine . . 15
9. Verordnung betreffend das Baden im Weiher zu Buchheim . 15
10. Verordnungen betreffend die Sonntagsruhe . . . . . 16—19
11. Verordnung betreffend die Abhaltung öffentlicher Tanzbelustigungen 19

Eisenbahn-, Schifffahrt- und Strompolizei.

12. Verordnung betreffend das Buchsiren der mit Schießpulver beladenen Kähne . . . 20
13. Verordnung betreffend Betheiligung an der Fronleichnamsprozession auf dem Rheine . . 21
14. Verordnung betreffend die Aufstellung von Fuhrwerken auf dem Güterbahnhofe der Berg.-Märk.-Eisenbahn 21
15. Verordnung betreffend die Rheinschiffbrücke . . . 22

Fremden-, Gesinde- und Paß-Polizei.

16. Verordnung betreffend Anmeldung der hier eintreffenden Fremden 35
17. Verordnung betreffend Anmeldung des Wohnungswechsels 35

Gewerbe-Polizei.

18. Verordnung betreffend das Droschken-Fuhrwerk 36
19. Verordnung betreffend die Erhebung von Armenabgaben für öffentliche Lustbarkeiten . . . 43

(Diese Verordnung ist mittlerweile aufgehoben und ersetzt durch die Verordnung auf Seite 132.)

	Seite
20. Verordnung betreffend die Benutzung der städtischen Waagen	44
21. Verordnung betreffend die Taxe des Schwarzbrodes	45
22. Verordnung betreffend die Polizeistunde in den Wirthshäusern	46
23. Verordnung betreffend Bewirthung von Schülern in Gast- und Schankwirthschaften	47

Markt-Polizei.

24. Markt-Ordnung	47
25. Ergänzung derselben	52
26. Desgleichen	53

Medicinal- und Veterinär-Polizei.

27. Verordnung betreffend die Abtritte in den Gast- und Schenkwirthschaften	53
28. Verordnung betreffend die Einführung von Rindvieh	54
29. Verordnung betreffend Anzeige der Erkrankung von Vieh	54
30. Verordnung betreffend die Untersuchung des Schweinefleisches auf Trichinen und Finnen	55
31. Regulativ über die Erhebung der Hundesteuer	60
(Dieses Regulativ ist mittlerweile aufgehoben und ersetzt durch die Ordnung auf Seite 131.)	
32. Verordnung betreffend die Desinfektion der Wohnungen, in denen Diphtheritis-Erkrankungen vorgekommen sind	61
33. Instruktion betreffend das städtische Untersuchungsamt für Nahrungsmittel u. s. w.	62
34. Reglement der städtischen Desinfektions-Anstalt	65

Wege- und Straßen-Polizei.

35. Verordnung betreffend die Beschädigung der öffentlichen Einrichtungen der Wasserleitung	66
36. Verordnung betreffend den Betrieb der Pferdeeisenbahn	67
37. Ergänzung derselben	74
38. Verordnung betreffend die Beschädigung und Verunreinigung des Rheinwerftes	74
39. Verordnung betreffend die Bezeichnung der Straßen und Nummerirung der Häuser	75
40. Verordnung betreffend die Beschaffenheit derjenigen Straßen, welche für den öffentlichen Verkehr und den Anbau als fertiggestellt anzusehen sind	76
41. Ortsstatut betreffend die Bebauung in der Stadtgemeinde Mülheim am Rhein	82
42. Ortsstatut betreffend die Anlage von Erkern und Balkonen über den städtischen Straßenflächen	87
43. Straßen-Polizei-Ordnung	88
44. Polizei-Verordnung betreffend die Maskeraden an den Fastnachtstagen	102

Kreis-Polizei-Verordnungen.

Seite

45. Verordnung betreffend das Zusammenwohnen von Ziegelarbeitern und sonstigen industriellen oder landwirthschaftlichen Arbeitern beiderlei Geschlechts 103
46. Verordnung betreffend das Rauchen von Personen unter 16 Jahren auf öffentlichen Wegen ꝛc. 104
47. Verordnung betreffend Verabreichung von geistigen Getränken an Personen unter 16 Jahren 104
48. Verordnung betreffend die Beobachtung der Gehöftssperre bei Ausbruch der Maul- und Klauenseuche 105

Regierungs-Polizei-Verordnungen.

49. Verordnung betreffend den Transport von Schlachtvieh und Geflügel 106
50. Verordnung betreffend den Transport wilder Thiere 107
51. Verordnung betreffend das Halten und den Gebrauch von Hunden 107
52. Verordnung betreffend die äußere Heilighaltung der Sonn- und Feiertage 108
53. Verordnung betreffend das Schlafstellenwesen 110
54. Verordnung betreffend die Kennzeichnung der Fuhrwerke . . 112
55. Verordnung betreffend das Polizei-Meldewesen 112
56. Verordnung betreffend das Sitzen der Fuhrleute auf einspännigen Fuhrwerken 113
57. Verordnung betreffend Anzeigepflicht bei Cholera-Erkrankungen . . 114
58. Verordnung betreffend das Tragen von Waffen 114
59. Verordnung betreffend Anzeigepflicht bei Dyphtherie 115

60. Verordnung betreffend Maßnahmen gegen die Verbreitung des Kopfgenickkrampfes 116
61. Verordnung betreffend den Verkehr der Fahrräder auf den öffentlichen Straßen 117
62. Gesindeordnung 118
63. Verordnung betreffend die Gesindedienstbücher 125
64. Desgleichen 126
65. Verordnung betreffend die Verletzungen der Dienstpflichten des Gesindes 127

Nachtrag.

66. Verordnung, betreffend den Handel mit Milch 129
67. Ordnung über die Erhebung einer Hundesteuer 131
68. Ordnung über die Erhebung von Lustbarkeitssteuern . . . 132

Bestimmung
über die Art der Verkündigung orts- und kreispolizeilicher Vorschriften, sowie über die Form, von deren Beobachtung die Gültigkeit derselben abhängt.

Auf Grund § 5 des Gesetzes über die Polizei-Verwaltung vom 11. März 1850 und in Gemäßheit des § 144 Abs. 2 des Gesetzes über die allgemeine Landesverwaltung vom 30. Juni 1883 bestimme ich unter Aufhebung der Verordnungen der hiesigen Königlichen Regierung vom 25. März 1850 und 13. Mai 1886 das Nachstehende:

1. Die Verkündigung der von dem Landrath unter Zustimmung des Kreisausschusses zu erlassenden Polizei-Vorschriften erfolgt durch Einrückung in die Kreisblätter.

2. Die Verkündigung polizeilicher Vorschriften für den Bezirk der Stadt Köln erfolgt Seitens der Königlichen Polizei-Direktion durch Aushang an den Eingängen zum Rathhause und der Königlichen Polizei-Direktion hierselbst, sowie durch Einrückung in den Stadt-Anzeiger der Kölnischen Zeitung, und zwar die Verkündigung sicherheitspolizeilicher Vorschriften unter Erwähnung der vorhergegangenen Anhörung des Gemeinde-Vorstandes der Stadt Köln, anderweiter polizeilicher Vorschriften unter Erwähnung der Zustimmung des p. Gemeindevorstandes bezw. der Ergänzung dieser Zustimmung durch Beschluß des Bezirks-Ausschusses, insofern nicht die Bestimmung in Abs. 2 des § 143 des Gesetzes über die allgemeine Landesverwaltung Platz greift.

3. Die Verkündigung ortspolizeilicher Vorschriften für den Gemeindebezirk der Städte Bonn, Kalk und Mülheim am Rhein erfolgt seitens der Bürgermeister durch Aushang am Gemeindehause und durch Einrückung in eine periodische Zeitschrift und zwar für Bonn in die Bonner Zeitung, für Kalk in die Deutz-Kalker Zeitung und für Mülheim am Rhein in die Mülheimer Zeitung. In den Bekanntmachungen dieser ortspolizeilichen Vorschriften ist, soweit sie nicht zum Gebiete der Sicherheitspolizei gehören, die erfolgte Zustimmung des Gemeinde-Vorstandes bezw. die erfolgte Ergänzung dieser Zustimmung seitens des Bezirks-Ausschusses zu erwähnen mit der am Schlusse der zu 2 gegebenen Einschränkung.

4. Sofern nicht in den zu 1—3 bezeichneten polizeilichen Vorschriften ein anderer Anfangstermin ihrer verbindlichen Kraft bestimmt ist, beginnt die letztere mit dem 8. Tage nach Ablauf desjenigen Tages, an welchem das betreffende Amtsblatt bezw. die betreffende Zeitschrift erschienen ist.

5. In den übrigen Gemeinden des Regierungsbezirks Köln ist eine ortspolizeiliche Vorschrift allgemein verbindlich, wenn sie
 a) von der Ortspolizeibehörde vollzogen,
 b) an dem Gemeindehause öffentlich angeschlagen,
 c) nach vorhergegangenem Zeichen mit einer Schelle auf den öffentlichen Straßen und Plätzen mit dem Bemerken verlesen worden, daß sie angeschlagen sei, und
 d) der Tag, an welchem dies geschehen, oder eine andere darin ausdrücklich festgesetzte Frist abgelaufen ist.
6. Zur Gültigkeit der orts- und kreispolizeilichen Vorschriften ist ferner erforderlich, daß sie enthalten die Angabe:
 a) auf Grund welcher gesetzlichen Bestimmung sie erlassen worden,
 b) der Behörde, welche sie erlassen hat,
 c) des Bezirks, für welchen sie gelten soll, und
 d) der Geldstrafe, welche gegen Nichtbeachtung derselben angedroht wird.
7. Uebersteigt die angedrohte Strafe bei ortspolizeilichen Vorschriften den Betrag von 9 Mark, so muß die Ertheilung meiner Genehmigung mit verkündet werden. In den Stadtkreisen Köln und Bonn ist jedoch die Ortspolizeibehörde in Gemäßheit des § 144 des Landesverwaltungsgesetzes befugt, gegen die Nichtbefolgung der von ihr zu erlassenden polizeilichen Vorschriften, Geldstrafen bis zum Betrage von 30 Mark, anzudrohen.
8. Bei allen ortspolizeilichen Verordnungen über Gegenstände der landwirthschaftlichen Polizei ist die erfolgte Zustimmung der Gemeinde-Vertretung zu erwähnen.

Köln, den 25. Juli 1888. **Der Regierungs-Präsident.**

Bau-, Feuer- und Sicherheits-Polizei.

Polizei-Verordnung.

Auf Grund des § 5 des Gesetzes über die Polizeiverwaltung vom 11. März 1850 wird hierdurch zum Schutze des Publikums bei Ausbruch eines Brandes während der Abhaltung von öffentlichen Versammlungen und Lustbarkeiten rc. für den Umfang der hiesigen Stadtgemeinde Folgendes verordnet:

§ 1. Bei allen größeren Versammlungen und öffentlichen Lustbarkeiten, als Tanzvergnügen, Concerte und Schaustellungen aller Art, welche in geschlossenen Räumen abgehalten werden, ist, wenn die Ortspolizeibehörde es für nothwendig erachtet, eine Feuerwache zu stellen. Dieselbe besteht aus Mannschaften der hiesigen freiwilligen städtischen Feuerwehr, deren Anzahl in jedem einzelnen Falle vorher von der Ortspolizeibehörde bestimmt wird.

§ 2. Falls die Lokale Gasbeleuchtung besitzen, so ist bei jeder Lustbarkeit bezw. Versammlung eine ausreichende Anzahl von Nothlampen, — Oel oder Stearin in Glas-Cylindern — zur Beleuchtung des Lokals und der Ausgänge rc. an geeigneter Stelle anzubringen. Die

Nothlampen müssen vom Eintritt der Dunkelheit ab bis zum Schlusse der betreffenden Lustbarkeit bezw. Versammlung brennen und leuchten.

§ 3. Soll bei einer Lustbarkeit eine Bühne benutzt werden, so sind vor Beginn der betreffenden Schaustellung die Beleuchtungsvorrichtungen für die Bühne jedesmal einer Revision durch einen Beamten der hiesigen städtischen Gasanstalt zu unterwerfen.

§ 4. Für die genaue Befolgung der obigen Vorschriften sind die Wirthe, Eigenthümer, oder sonstigen Inhaber der betreffenden Lokale, sowie die Veranstalter der event. stattfindenden Lustbarkeiten resp. die Leiter der Versammlungen verantwortlich.

§ 5. Zuwiderhandlungen gegen die Vorschriften dieser Polizei-Verordnung werden mit Geldbuße von 3 Mark bis zu 9 Mark bestraft.

Vorstehende Polizei-Verordnung, welche von heute ab während acht Tagen an dem hiesigen Gemeindehause zur öffentlichen Kenntniß angeschlagen sein wird, tritt mit dem Ablaufe des Tages nach demjenigen, an welchem die dieselbe enthaltende Nummer der Mülheimer Zeitung erschienen ist, in Kraft. Alle derselben entgegenstehenden Bestimmungen, insbesondere die Polizei-Verordnung vom 3. Juli 1883, sind aufgehoben.

Mülheim am Rhein, den 26. August 1886.

Der Bürgermeister,
J. V.:
Der Beigeordnete Dr. Engels.

Bekanntmachung.

Die Besitzer von Versammlungsräumen werden auf die Polizei-Verordnung Königlicher Regierung zu Köln vom 21. November v. Js. über bauliche Anlage und innere Einrichtung von Versammlungsräumen u. s. w., welche am 30. desselben Mts. in Kraft getreten ist, hierdurch aufmerksam gemacht und bringe ich nachstehend einen Auszug aus diesen Bestimmungen, soweit solche hier in Betracht kommen, zur Kenntniß der Betheiligten.

Für bestehende Versammlungsräume gelten folgende Mindestforderungen:

1. In Versammlungsräumen mit festen Sitzreihen darf die Breite eines Sitzes nicht weniger als 45 cm und der Abstand der Sitzreihen nicht weniger als 70 cm betragen. Die Zahl der Sitze in ununterbrochener Reihe neben einem Seiten- oder Zwischengang darf im Saalparkett 14, auf Galerieen 12 nicht übersteigen. Für Stehplätze dürfen höchstens 3 Personen auf 1 qm Grundfläche gerechnet werden. Die Breite der Gänge innerhalb des Saalparketts und auf Galerieen muß mindestens 90 cm betragen und ist im Uebrigen nach dem Verhältniß von 1 m für 120 Personen zu bemessen.

Die nach vorstehenden Bestimmungen zulässige höchste Besucherzahl ist durch die Polizeibehörde festzustellen.

2. Für Versammlungsräume ohne feste Sitzreihen sind in Bezug

auf die Berechnung der Personen=Anzahl folgende Bestimmungen maßgebend.

Danach soll die Personenzahl, nach welcher die Breite der Thüren, Korridore, Treppen, Flure und Ausgänge zu bestimmen ist, so ermittelt werden, daß in der Regel auf 1 qm Grundfläche des Saalparketts 2 Personen und auf 1 qm Grundfläche der Galerieen 3 Personen gerechnet werden. In einzelnen Fällen können jedoch ausnahmsweise mit Rücksicht auf die Lage und Benutzungsart der Versammlungsräume auf je 10 qm Grundfläche für das Saalparkett 15, für die Galerieen 20 Personen gerechnet werden.

Wenn mehrere Versammlungsräume in einem Geschoß oder in verschiedenen Stockwerken gemeinschaftliche Korridore, Treppen und Flure oder Ausgänge haben, so sollen die erforderlichen Breiten derselben der Regel nach in der Weise ermittelt werden, daß die Personenzahl des größten Raumes ganz und die Personenzahl der übrigen Räume zur Hälfte der Berechnung zu Grunde gelegt wird. Es kann jedoch in einzelnen Fällen ausnahmsweise mit Rücksicht auf die Benutzungsart der Versammlungsräume eine geringere Gesammtziffer für die Berechnung zugelassen werden.

3. In Bezug auf die Anzahl, die Breite und das Aufschlagen der Thüren, sowie auf die Thürverschlüsse und die Bezeichnung der Ausgänge müssen nachstehende Vorschriften erfüllt werden.

Die Anzahl und Breite der Thüren ist nach dem Verhältniß von 1 m für 120 Personen bei einer Anzahl bis zu 600 Personen, 1 m für 135 Personen bei einer Anzahl von 600 bis 900 Personen, 1 m für 150 Personen bei einer Anzahl über 900 Personen zu bestimmen.

Wenn die zulässige Zahl der Besucher mehr als 600 Personen beträgt, muß der Versammlungsraum auf mindestens 2 Wandseiten Thüren erhalten.

Ausgangs=Thüren müssen nach außen aufschlagend derart angeordnet werden, daß die geöffneten Flügel nicht in die Korridore und in die Treppenräume vortreten. Ist diese Forderung nicht zu erfüllen, so müssen die Thürflügel vollständig herumschlagen und an den Wänden durch selbstthätige Federn festgehalten werden. In solchen Fällen ist aber die vorgeschriebene Mindestbreite der Korridore um die Thürflügelbreite zu vergrößern. Die Thürverschlüsse müssen so eingerichtet sein, daß sie durch einen einzigen Griff in Höhe von 1,20 m über dem Fußboden von innen leicht zu öffnen sind.

Die Ausgangs=Thüren sind als solche mit großer Schrift kenntlich zu machen und dürfen während der Benutzung eines Versammlungsraumes nicht verschlossen werden.

Ausnahmsweise kann in besonderen Fällen von den Bestimmungen in Bezug auf das Aufschlagen der Thüren und die Bezeichnung der Ausgänge abgesehen werden.

4. Die Breite der Korridore, Flure, Treppen und Ausgänge darf in keinem Falle geringer sein, als die Berechnung nach dem Verhältniß von 1 m für 250 Personen ergiebt. Die Breite von Durchfahrten muß mindestens dem Verhältniß von 1 m für 300 Personen entsprechen.

5. Bei Versammlungsräumen, welche eine ständige mit verbrenn=

lichen Coulissen, Soffiten, Hinterhängen oder Versatzstücken ausgestattete Bühne besitzen, sollen in Bezug auf die Breite der Gänge und Thüren innerhalb des Saalparketts und auf Galerieen, sowie auf die Breite der Korridore, Flure, Treppen und Ausgänge in der Regel nachstehende Vorschriften zur Durchführung gelangen.

    a. Die Breite der Gänge innerhalb des Saales und auf Galerieen sowie die Anzahl und Breite der auf die Korridore führenden Thüren muß nach dem Verhältniß von 1 m für 60 Personen bemessen werden.

    b. Die Breite der Korridore muß mindestens 3 m betragen, im Uebrigen jedoch nach dem Verhältniß von 1 m für 70 Personen bemessen werden.

    c. Es muß vorhanden sein für das Parkett bis zu 270 Personen 2 Treppen zu je 1,50 m Breite. Bei mehr als 270 Personen ist die Breite nach dem Verhältniß von 1 m für 90 Personen zu berechnen.

Ausnahmsweise können in einzelnen Fällen Ermäßigungen zugelassen werden, deren äußerste Grenze durch folgende Verhältnißzahlen bestimmt wird:

    a. für die Breite der Gänge innerhalb des Saales und auf Galerieen, sowie für die Breite der Ausgangsthüren daselbst durch das Verhältniß von 1 m für 100 Personen;

    b. für die Breite der Korridore, Flure, Treppen und Ausgänge durch das Verhältniß von 1 m für 100 Personen;

    c. für die Breite von Durchfahrten durch das Verhältniß von 1 m für 200 Personen, und

    d. wenn die Durchfahrt mit einem Hofe in Verbindung steht, der solche Abmessungen führt, daß er die gesammte Personenzahl bei Annahme von 4 Personen auf 1 qm Grundfläche aufzunehmen vermag, durch das Verhältniß von 1 m zu 210 Personen, vorausgesetzt, daß der Hof in seiner ganzen Fläche lediglich für den Personenverkehr frei gehalten wird.

6. Für Versammlungsräume, welche nur ein Podium ohne Versenkung, Schnürboden und Schnürgalerieen, ferner mit unverbrennlichen Coulissen, Soffiten, Hinterhängen oder Versatzstücken sowie mit einem Vorhang aus schwer entflammbarem Stoff besitzen, gelten folgende Verhältnißzahlen als die äußerst zulässigen:

    a. für die Breite der Gänge innerhalb des Saales und auf Galerieen, sowie für die Breite der Ausgangsthüren daselbst das Verhältniß von 1 m für 120 Personen;

    b. für die Breite der Korridore, Flure, Treppen und Ausgänge das Verhältniß von 1 m für 200 Personen;

    c. für die Breite von Durchfahrten das Verhältniß von 1 m für 250 Personen, und

    d. wenn die Durchfahrt mit einem Hofe im Sinne der Bestimmungen des Abschnittes 5 d. in Verbindung steht, das Verhältniß von 1 m für 300 Personen.

7. Für die Einrichtung der Beleuchtung und Nothbeleuchtung sind nachstehende Vorschriften maßgebend:

Zur Beleuchtung von Versammlungsräumen ist außer elektrischem und Gaslicht die Verwendung von Pflanzenölen und Kerzen zulässig. Die Verwendung von Mineralölen ist nur mit besonderer Erlaubniß gestattet. Wird Gasbeleuchtung gewählt, so müssen dabei folgende Vorschriften beobachtet werden:

Die Gasleitungen für den Versammlungsraum sowie für den Bühnenraum sind in getrennten Gruppen anzulegen und die Absperr-Vorrichtungen so anzuordnen, daß sie von Unbefugten nicht erreicht werden können. Die Verwendung von Bleiröhren ist unzulässig. Die Leitungen sind derartig zu verlegen, daß sie gegen jede zufällige Beschädigung geschützt, aber für Untersuchung und Ausbesserung leicht zugänglich sind. Ueberall, auch in den Ankleideräumen, sind nur unbewegliche Gasarme zulässig.

Die Entfernung zwischen Gasflammen und brennbaren Stoffen muß in senkrechter Richtung nach oben gemessen mindestens 1 m und in seitlicher Richtung mindestens 60 cm betragen. Falls diese Entfernungen nicht innegehalten werden können, müssen Schutzbleche angebracht werden; dieselben dürfen jedoch niemals auf verbrennlicher Unterlage befestigt werden.

Decken-Kronleuchter müssen doppelte Befestigung erhalten.

Die im Versammlungsraum sowie auf Gängen und Treppen befindlichen Beleuchtungskörper müssen mit ihrer Unterkante mindestens 2 m über dem Fußboden liegen.

Die Gasflammen auf Gängen, in Treppenhäusern und in Aborten dürfen nur Hähne mit losem Schlüssel erhalten.

Die Gasflammen im Versammlungsraume sind mit Glocken oder Schalen zu versehen. Ausgenommen von dieser Vorschrift sind nur die Flammen an Decken-Kronleuchtern.

Alle zur Beleuchtung des Bühnenraumes dienenden Gasflammen sind mit Drahtkörben oder ähnlichen Schutzvorkehrungen zu versehen.

Die Soffitenlampen müssen außer einem Drahtnetz doppelte Schutzbleche mit Luftzwischenraum erhalten und zum Herablassen eingerichtet werden, sodaß sie vom Bühnenfußboden aus angezündet werden können.

Die Verwendung gewöhnlicher Gummischläuche zur Zuleitung von Gas, auch für kurze Entfernungen, ist verboten; es dürfen nur undurchlässige auf die Rohre mit Gewinden aufzuschraubende Spiralschläuche gebraucht werden.

Die Gasmesser müssen in einem von massiven Wänden und unverbrennlichen Decken umschlossenen Raume, welcher unmittelbar von außen Luft und Licht erhält, aufgestellt werden.

Die Verwendung von Gas zu szenischen Zwecken bedarf besonderer Genehmigung.

Die Gasleitungen sind mindestens vierteljährlich einmal sorgfältig auf ihre Dichtigkeit, sowie auf die ordnungsmäßige Beschaffenheit der Brenner zu untersuchen. Insbesondere ist darauf zu achten, daß bei Verminderung des Gaszustromes und Druckes behufs Verdunkelung einzelne Brenner nicht versagen.

Eine ausreichende Nothbeleuchtung ist nach näherer Angabe der Polizeibehörde einzurichten.

8. Für bestehende öffentliche Versammlungsräume hat die Polizeibehörde die höchste in einer derartigen Anlage künftig zulässige Personenzahl vorstehender Bestimmungen entsprechend nach den vorhandenen Breitenabmessungen festzustellen.

9. Die Besitzer von bestehenden öffentlichen Versammlungsräumen sind verpflichtet, hinsichtlich der ihnen gehörigen Gebäude den vorstehend aufgeführten Anforderungen innerhalb der Frist eines Jahres vom Tage des Inkrafttretens dieser Verordnung zu entsprechen.

Eine Verlängerung dieser Frist bis auf den Zeitraum von achtzehn Monaten und soweit es sich um die Herstellung elektrischer Beleuchtung handelt, von 2 Jahren, ist im Wege des Dispenses zulässig.

Zum Zwecke der Prüfung, ob den Anforderungen, wie dieselben vorstehend aufgeführt sind, genügt ist, haben die Besitzer spätestens 3 Monate nach dem Inkrafttreten dieser Verordnung, also bis spätestens zum 28. Februar d. J., der Polizeibehörde revisionsfähige Zeichnungen der betreffenden Anlagen und zwar einem Lageplan, sowie Grundrisse und Querschnitte im Maßstabe 1 : 100 in je 2 Ausfertigungen einzureichen.

In den Grundrissen müssen, abgesehen von den Angaben, welche die hier gültige Bauordnung vorschreibt, die Anordnung der Sitz- und Stehplätze, und die Vorkehrungen zur Beleuchtung durch Eintragung der in das Gebäude führenden Hauptleitung nebst Absperrvorrichtungen, sowie die Beleuchtungskörper anschaulich gemacht und nach genauer Abmessung mit eingeschriebenen Maßen angegeben werden. Diesen Zeichnungen ist eine Berechnung der für die Entleerung in Betracht kommenden Breiten der Gänge, Thüren, Korridore, Treppen, Fluren, Ausgänge und Durchfahrten in zwei Ausfertigungen beizugeben.

10. Für die Ertheilung der zugelassenen Dispense ist der Bezirks-Ausschuß zuständig. Sonstige Ausnahmen von den Bestimmungen der Verordnung dürfen nur, soweit sie im Vorstehenden ausdrücklich vorgesehen sind, von der Polizeibehörde gestattet werden.

11. Uebertretungen der vorstehenden Bestimmungen werden, sofern nicht weitergehende Vorschriften des Reichs-Strafgesetzbuches Platz greifen, mit einer Geldstrafe bis zu 60 Mark, oder im Unvermögensfalle mit verhältnißmäßiger Haft bestraft.

Mülheim a. Rhein, den 18. Januar 1890.

Der Bürgermeister Steinkopf.

Polizei-Verordnung

betreffend Schornstein-Reinigung in der Stadt Mülheim am Rhein.

Auf Grund der §§ 5 und 6 des Gesetzes über die Polizei-Verwaltung vom 11. März 1850 und der §§ 39, 47 und 77 der Gewerbe-Ordnung vom 21. Juni 1869 wird nach erfolgter Zustimmung des Bezirks-Ausschusses bezüglich des § 1, sowie im Einverständnisse mit der Stadtverordneten-Versammlung bezüglich der §§ 1 und 8 zur Regelung des Betriebes der Schornstein-Reinigung in hiesiger Stadt folgende Polizei-Verordnung erlassen:

§ 1. Die Stadt Mülheim am Rhein zerfällt in Bezug auf das Schornsteinereinigungswesen in zwei Bezirke, für welche je ein Schornsteinfegermeister bestellt ist. Der erste Bezirk umfaßt denjenigen Theil der Stadt, welcher südlich von der Münz-, Buchheimer- und Frankfurterstraße liegt und zwar dergestalt, daß die südliche Seite dieser Straße in obigen Bezirk mit hineingezogen wird. Der zweite Bezirk umfaßt den nördlich von der vorbeschriebenen Linie belegenen Stadttheil. Bei einer Ausdehnung des Stadtgebietes fallen die hinzukommenden Theile, ohne daß es einer besonderen Anordnung bedarf, ohne Weiteres demjenigen Bezirke zu, an welchen sie sich anschließen. Jeder Schornsteinfegermeister ist, abgesehen von Nothfällen, bezw. in Fällen besonderer polizeilicher Anordnung, nicht berechtigt, in einem anderen als dem ihm überwiesenen Bezirke die Reinigung von Schornsteinen usw. vorzunehmen.

§ 2. Alle Schornsteine müssen dreimal jährlich, Schornsteine, in welche Küchenfeuerungen münden, viermal jährlich, und Kamine und Feueressen, welche zu gewerblichen Zwecken benutzt werden und starker Feuerung unterliegen, z. B. bei Brauern, Bäckern und Branntweinbrennern und ähnlichen Gewerbetreibenden, mindestens alle 6 Wochen gereinigt werden. In einzelnen Fällen kann von der Polizeibehörde eine öftere Reinigung alsdann verlangt werden, wenn feuerpolizeiliche Interessen dies erfordern.

Sämmtliche Feuerungsanlagen von Fabriken, soweit dieselben gewerblichen Zwecken dienen (z. B. Schlote, Feueressen) unterliegen nicht den Bestimmungen dieser Verordnung.

Mit den alle Schornsteine betreffenden Reinigungen ist in den Monaten Januar, April, und Oktober, mit den Reinigungen der Küchenschornsteine in den Monaten Januar, April, Juli und Oktober zu beginnen, und zwar in der Weise, daß zwischen den einzelnen Reinigungen, sofern nicht die Behörde ein Anderes bestimmt, ein thunlichst gleich großer Zeitzwischenraum zu belassen ist.

Es ist den Schornsteinfegern gestattet, sich bei der Arbeit durch Gesellen vertreten zu lassen, doch bleiben sie für dieselben in allen Beziehungen verantwortlich.

§ 3. Das Reinigen der Oefen, Küchenherde und der Ofenröhren bleibt, wenn die Hausbewohner dies durch den Schornsteinfeger ausführen lassen wollen, Gegenstand der freien Vereinbarung unter den Betheiligten.

Findet aber der Schornsteinfeger, daß eine Reinigung der Ofenröhren in feuerpolizeilichem Interesse nothwendig ist und weigert sich der Verpflichtete, die Reinigung vornehmen zu lassen, so hat ersterer dieselbe zu bewirken und dafür die unten angegebenen besonderen Gebühren zu beanspruchen.

§ 4. Bei Schornsteinen, welche von zwei Häusern gemeinschaftlich benutzt werden, ist jeder der beiden Hauseigenthümer verpflichtet, dem Schornsteinfeger den Zutritt zu dem Schornstein behufs der Reinigung zu gestatten. Die Reinigungsgebühr ist in diesem Falle von jedem der beiden Hauseigenthümer zur Hälfte zu tragen.

§ 5. Der Schornsteinfegermeister ist unter Verantwortlichkeit für die nachtheiligen Folgen der Unterlassung verpflichtet, der Polizei schriftliche Anzeige davon zu machen, wenn er einen mangelhaften oder baulosen oder einen solchen Schornstein antrifft, welcher sich nicht vollständig reinigen läßt. Ebenso sind die Schornsteinfeger verpflichtet, sämmtlichen beim Reinigen der Schornsteine sich ergebenden Ruß aus dem Schornsteine herauszuschaffen, und wenn dies nicht möglich, hiervon der Polizei schriftlich Anzeige zu machen.

Der aus den Schornsteinen entfernte Ruß und Schutt ist von dem Schornsteinfeger bis auf den Hof fortzuschaffen.

§ 6. Einmal jährlich soll jeder Schornsteinfegermeister in seinem Bezirke eine Besichtigung aller Schornsteine in Bezug auf ihre Bauart und ihren Zustand unter Zuziehung eines Beamten des Stadtbauamtes vornehmen. Der Schornsteinfegermeister ist nicht befugt, sich bei dieser Besichtigung durch einen Gesellen vertreten zu lassen.

Die bei der Besichtigung wahrgenommenen Mängel und Schäden sind von dem Beamten des Stadtbauamtes aufzuzeichnen und die Aufzeichnungen dem Stadtbaumeister zur weiteren Veranlassung zu übergeben.

Insoweit es erforderlich und wünschenswerth ist, kann zu der Besichtigung auch ein Polizeibeamter hinzugezogen werden.

§ 7. Das Fegen der Schornsteine sowohl, als die polizeiliche Besichtigung ist den betreffenden Personen jedesmal Tags vorher anzusagen und zwar Ersteres durch den Schornsteinfegermeister oder dessen Gesellen, Letzteres durch den Polizeisergeanten des Reviers.

§ 8. Die für Reinigen eines Schornsteines einschließlich des Fortschaffens von Ruß und etwaigem Schutt bis auf den Hofraum zu entrichtenden Gebühren betragen:

a) in einem einstöckigen Hause 20 Pfg.
b) „ „ zweistöckigen „ 30 „
c) „ „ dreistöckigen „ 40 „
d) „ „ vier- und mehrstöckigen Hause 50 „

Keller und Dachgeschosse werden, wenn sich in denselben Feuerungsanlagen befinden, jedes für ein Stockwerk gerechnet. Bei gewerblichen Etablissements ohne Eintheilung in Stockwerke werden fünf Meter Höhe für ein Stockwerk gerechnet. Für Schornsteine, welche nicht bis zum Dach durchgeführt, sondern in andere eingeführt sind, werden an Gebühren nur 10 Pfg. gezahlt, wenn sie nur ein Stockwerk, und 20 Pfg., wenn sie mehrere Stockwerke berühren.

Schornsteine, welche ein ganzes Vierteljahr lang unbenutzt geblieben sind, brauchen in diesem nicht gereinigt zu werden.

Für das Reinigen eines Ofenrohres darf, wenn dieses nicht über 4 Meter lang ist, nicht mehr als 15 Pfg. und bei größerer Länge nicht mehr als 25 Pfg. gefordert werden.

Wird dem Schornsteinfeger seitens eines Fabrikbesitzers die Reinigung eines Dampfschornsteines übertragen, so kann für die Reinigung eines Schornsteines bei einer Höhe

bis zu 15 Metern 2 Mark,
von 15 bis 30 Metern 3 „

| von 30 bis 45 Metern | 4 Mark |
| von mehr als 45 „ | 5 „ |

beansprucht werden.

§ 9. Die Gebühren sind mit Ausnahme derjenigen, welche für Reinigen der Ofenröhren, Oefen und Herde zu entrichten sind, in allen Fällen von den Hauseigenthümern zu zahlen, es sei denn, daß dieselben die Verpflichtung der Miether oder Nutznießer zur Zahlung nachweisen.

Die Zahlung muß stets sofort an den Bezirksschornsteinfeger oder denjenigen, welcher in dessen Auftrage die Reinigung vorgenommen hat, erfolgen. Auf Verlangen des Zahlungspflichtigen hat der Schornsteinfeger über die geschehene Reinigung der Schornsteine usw. sowie die erfolgte Zahlung der Gebühren eine Quittung auszustellen, welche das Datum der Reinigung und den gezahlten Gebührenbetrag enthalten muß.

§ 10. Zuwiderhandlungen gegen diese Verordnung werden, in sofern nicht nach den allgemeinen Strafgesetzen eine härtere Strafe verwirkt ist, mit Geldstrafe bis zu 30 Mark bestraft, an deren Stelle im Unvermögensfalle eine entsprechende Haftstrafe tritt.

§ 11. Diese Polizei-Verordnung tritt mit dem Tage ihrer Verkündigung in Kraft und werden dagegen die Polizei-Verordnungen vom 22. Dezember 1892 und 23. Januar 1894 betreffend das Schornsteinereinigungswesen in hiesiger Stadt hierdurch aufgehoben.

Mülheim am Rhein, den 30. Juli 1894.

Der Bürgermeister **Steinkopf**.

Genehmigt durch die Verfügung des Herrn Regierungs-Präsidenten zu Köln vom 9. August 1894. — A. 17290. —

Amtliche Bekanntmachung.

Nachdem der **nächtliche** Sicherheitsdienst in hiesiger Stadt seit dem 15. Februar 1893 anderweitig geregelt worden ist, wird hiermit zur öffentlichen Kenntniß gebracht, daß die Stadt in die nachstehend näher bezeichneten 4 Alarmbezirke eingetheilt worden ist, **um bei vorkommenden Bränden durch entsprechende Alarmsignale die Gegend ungefähr zu kennzeichnen, in welcher das Feuer ausgebrochen ist.**

Das Alarmsignal besteht für die Folge in **einem langen kräftigen** Tone auf der Huppe und darauf folgenden **kurzen Tönen**, letztere der Nr. des Alarmbezirks entsprechend.

Die Alarmbezirke sind wie folgt festgestellt:

I. Bezirk.

Der westlich von der Köln-Mindener Eisenbahn bis zum Rheine hin, und nördlich von der Buchheimerstraße sowie Münzstraße gelegene Stadttheil.

II. Bezirk.

Der östlich von der Köln-Mindener Eisenbahn sowie nördlich von der Buchheimer- und der Frankfurterstraße gelegene Stadttheil bis zur Gemeindegrenze.

III. Bezirk.

Der südlich der Buchheimerstraße gelegene, vom Rheinstrome, der Danzierstraße und der Deutzerstraße auf der Strecke von der Einmündung der Danzierstraße bis zur Gemeindegrenze umschlossene Stadttheil.

IV. Bezirk.

Der östlich der Danzierstraße und dem unter III bezeichneten Theile der Deutzerstraße gelegene, sowie nördlich von der Buchheimerstraße und Frankfurterstraße begrenzte Stadttheil bis zur Gemeindegrenze.

In der bisher üblichen Alarmirung von Buchheim, Höhenberg und Germania wird durch vorstehende Bestimmungen nichts geändert.

Mülheim am Rhein, den 2. März 1893.

Der Bürgermeister: Steinkopf.

Cultus- und Sitten-Polizei.

Bekanntmachung.

Nach einer amtlichen Anzeige ist es schon öfters geschehen, daß bei Beerdigungen auf einem Kirchhofe Störungen der Andacht und Entweihungen des heiligen Ortes auf mancherlei Weise stattgefunden haben. So erwünscht es auch ist, wenn Begräbnisse Theilnahme erregen, und so wenig es auch beabsichtigt wird, den Aeußerungen dieser Theilnahme irgend ein Hinderniß in den Weg zu legen, so ist es doch nothwendig, daß jede derartige Aeußerung der Würde und dem Ernste der heiligen Feier und Sache angemessen sei, sie wenigstens nicht gröblich verletzen. Im Allgemeinen darf man erwarten, daß es nur dieser Erinnerung bedürfen werde, damit diejenigen, welche einen Kirchhof besuchen, alles Unschickliche vermeiden; für einzelne Böswillige aber wird auf den Grund des Art. 49 der Verwaltungsordnung vom 13. Oktober 1807 und des Art. 28 Nr. 5 und 6 des Dekrets vom 18. Dezember 1808 für alle hiesigen Kirchhöfe Nachstehendes hiermit ausdrücklich bestimmt:

1. Bei Gelegenheit eines Begräbnisses dürfen keine Kinder, die noch nicht die Schule besuchen, auf den Kirchhof mitgebracht werden, es wäre denn, daß dieselben zu den nächsten Anverwandten des Gestorbenen gehörten.

2. Das Tabakrauchen bei Gelegenheit eines Begräbnisses wird ebenfalls untersagt.

3. Hunde auf den Kirchhof mitzubringen, ist zu jeder Zeit verboten.

4. Uebertretungen vorstehender Verbote würden mit Geldbuße von 10 Sgr. bis zu 5 Thalern oder für den Fall des Zahlungsunvermögens mit verhältnißmäßigem Gefängniß bestraft werden.

Mülheim am Rhein, den 14. März 1843.

Der Bürgermeister: P. J. Maaßen.

Polizei-Verordnung.

Auf Grund der §§ 5 und 6 des Gesetzes über die Polizei-Verwaltung vom 11. März 1850 wird rücksichtlich der in hiesiger Bürgermeisterei vorhandenen Kirchhöfe folgende Polizei-Verordnung erlassen.

§ 1. Für jeden der drei Kirchhöfe, den katholischen, evangelischen und israelitischen, wird ein besonderer Todtengräber durch den Bürgermeister angestellt.

Das Anfertigen der Gräber geschieht nur durch den Todtengräber, welcher dafür folgende Gebühren zu beziehen hat:

	Thlr.	Sgr.	Pfg.
a. Auf dem katholischen Kirchhofe:			
Für das Grab eines Erwachsenen	—	15	—
bei einer Bruderschaftsleiche jedoch nur	—	11	6
bei einer Kindesleiche von 8—14 Jahren	—	10	—
bei einer Kindesleiche unter 8 Jahren	—	7	—
für die Leiche eines Armen ohne Unterschied des Alters	—	10	—
b. Auf dem evangelischen Kirchhofe:			
Für das Grab einer Leiche über 12 Jahre	1	—	—
für das Grab eines jüngeren Kindes	—	20	—
bei einer Leiche eines Armen ohne Unterschied des Alters	—	10	—
c. Auf dem israelitischen Kirchhofe:			
Für das Grab einer Leiche über 12 Jahre	1	—	—
für das Grab eines jüngeren Kindes	—	20	—
bei der Leiche eines Armen ohne Unterschied des Alters	—	10	—

Wo die Entrichtung dieser Gebühren von den zahlungsfähigen Erben des Verstorbenen verweigert wird, oder rückständig bleibt, sollen selbige im Steuer-Exekutionswege durch die Kommunal-Kasse zu Gunsten des Todtengräbers eingezogen werden; für Arme gibt der Todtengräber halbjährlich beim Bürgermeisteramte eine desfalsige Rechnung ein, deren Betrag sodann nach vorgängiger Prüfung und Feststellung durch die Armenverwaltung auf den städtischen Armenfonds zur Zahlung an ihn angewiesen werden wird.

§ 2. Jede Beerdigung soll in einer abgesonderten Grube statt haben, wobei die Bestimmung der Reihenfolge ausschließlich Sache des Bürgermeisters bleibt. Jede Grube, die geöffnet wird, soll nach den Umständen 4 Fuß 7 Zoll, bis 6 Fuß 1 Zoll Länge auf 2 Fuß 5—6 Zoll Breite haben und hernach mit wohlgetretenem Grunde gefüllt werden. In der Regel sollen die Gräber 5 Fuß tief angefertigt werden.

§ 3. Die Gruben sollen 11 Zoll bis 1 Fuß 2—3 Zoll auf den Seiten und 11 Zoll bis 1½ Fuß am Kopfe und an den Füßen von einander abliegen.

§ 4. Es ist verboten die Einfriedigungen der Kirchhöfe zu übersteigen oder zu durchdringen, und über die zum Beerdigen bestimmten Felder derselben zu gehen oder Vieh zu treiben.

§ 5. Beschädigungen der Gräber und sonstigen Anlagen auf den Kirchhöfen werden nach den §§ 137 und 262 des Strafgesetzbuches geahndet.

§ 6. Zuwiderhandlungen gegen die §§ 1 und 4 dieser Polizei-Ver-

ordnung werden mit Geldbuße bis zu 3 Thaler und im Unvermögens=
falle mit verhältnißmäßigem Gefängniß bestraft.

Gegenwärtige Verordnung soll in ortsüblicher Weise publizirt und
während acht Tagen öffentlich angeschlagen werden.

Mülheim am Rhein, den 29. Oktober 1862.

Der Bürgermeister Bau.

Polizei-Verordnung.

Auf Grund der §§ 5 und 6 des Gesetzes über die Polizei=Verwaltung
vom 11. März 1850 wird von dem unterzeichneten Bürgermeister der
Stadtgemeinde Mülheim am Rhein hierdurch nachstehende Polizei=Verord=
nung erlassen:

§ 1. Das Baden im Rhein wird im ganzen Bezirk der diesseitigen
Bürgermeisterei, mit Ausnahme der Schwimm= und Badeanstalten, hiermit
untersagt.

§ 2. Zuwiderhandelnde verfallen in eine Polizeistrafe von 1 bis 3
Thalern und im Fall des Zahlungsunvermögens in verhältnißmäßige
Gefängnißstrafe.

§ 3. Gegenwärtige Polizei=Verordnung, welche an dem hiesigen Ge=
meindehause angeschlagen ist und solches acht Tage lang bleiben wird,
tritt sofort nach der Publikation in Kraft.

Mülheim am Rhein, den 21. Mai 1864.

Der Bürgermeister gez. Blin.

Polizei-Verordnung.

Auf Grund der §§ 5 und 6 des Gesetzes über die Polizei=Verwaltung
vom 11. März 1850 wird von dem unterzeichneten Bürgermeister der
Stadtgemeinde Mülheim am Rhein hierdurch nachstehende Polizei=Verord=
nung erlassen.

§ 1. Das Baden in dem zum Buchheimer Hofe gehörigen Buchheimer
Weiher zu Buchheim, diesseitiger Bürgermeisterei, wird hiermit untersagt.

§ 2. Zuwiderhandelnde verfallen in eine Polizeistrafe von 1 bis 3
Thalern, und im Fall des Zahlungsunvermögens in verhältnißmäßige Ge=
fängnißstrafe.

§ 3. Gegenwärtige Polizei=Verordnung, welche an dem hiesigen Ge=
meindehause angeschlagen ist und solches acht Tage lang bleiben wird,
tritt sofort nach der Publikation in Kraft.

Mülheim am Rhein, den 22. Juli 1865.

Der Bürgermeister, gez. Blin.

Polizei-Verordnung.

Auf Grund der §§ 5 und 6 des Gesetzes über die Polizei-Verwaltung vom 11. März 1850 und des § 1 der Verordnung Königl. Regierung vom 3. Januar 1854,*) die äußere Heilighaltung der Sonn= und Fest=tage betreffend, wird nach genommener Rücksprache mit betreffenden Herrn Pfarrer hiermit verordnet: „Als die Zeit der gewöhnlichen und regel=mäßigen Dauer des Vor= und Nachmittags-Hauptgottesdienstes beider christlichen Confessionen an den Sonntagen und der im § 11 gedachter Polizei=Verordnung Königlicher Regierung genannten Festtagen, werden für den Bürgermeisterei=Bezirk Mülheim die Stunden von 9 bis 11 Uhr Vormittags und von $2^1/_2$ bis $3^1/_2$ Uhr Nachmittags festgesetzt und finden für diese Zeitdauer die Bestimmungen der §§ 3. 5, 6, 7, 8 und 10 vor=bezeichneter Polizei=Verordnung Anwendung, sodaß Zuwiderhandlungen gegen die darin enthaltenen Verbote mit den im § 340 Nr. 8 (§ 360 Nr. 1) des Strafgesetzbuches vorgesehenen Strafen belegt werden würden."

Mülheim am Rhein, den 9. Februar 1854.

Der Bürgermeister, gez. Bau.

Bekanntmachung.

Auf Grund des Reichsgesetzes vom 1. Juni 1891, der ministeriellen Ausführungsanweisung vom 10. Juni 1892 und der Ausführungsbestim=mungen des Königlichen Herrn Regierungspräsidenten zu Köln vom 20. ds. Mts., betreffend die Einführung der Sonntagsruhe, wird hierdurch die für den Hauptgottesdienst an den Vormittagen der Sonn= und Festtage bestimmte Pause, während welcher ein Gewerbebetrieb in offenen Verkaufsstellen nnd eine Beschäftigung von Gehülfen pp. im Handelsgewerbe nicht stattfinden darf, für den Umfang der hiesigen Ge=meinde auf die Zeit von $9^1/_2$ bis $11^1/_2$ Uhr Vormittags festgesetzt.**)

Ich mache hierbei ausdrücklich darauf aufmerksam, daß nach den nun=mehr höheren Orts getroffenen Anordnungen eine Beschäftigung von Gehülfen, Lehrlingen und Arbeitern im Handelsgewerbe, sowie im Gewerbebetrieb in offenen Verkaufsstellen an Sonn= und Festtagen vom 1. Juli ds. Js. ab im Allgemeinen nur in der Zeit von Vormittags 7 bis Nachmittags 2 Uhr mit Unterbrechung durch die vorstehende für den Hauptgottesdienst festgesetzte Pause gestattet ist, und daß Uebertretungen dieser Anordnungen der Bestrafung nach Maßgabe des Reichsgesetzes vom 1. Juni 1891 unterliegen.

Mülheim am Rhein, den 28. Juni 1892.

Der Bürgermeister, gez. Steinkopf.

---

*) Im Anhange abgedruckt.
**) Durch nachstehend abgedruckte Verordnung vom 15. November 1893 auf 9—11 Uhr.

Bekanntmachung.

Auf Grund ministerieller Ermächtigung wird das Feilbieten von Obst an Sonn- und Feiertagen an öffentlichen Wegen, Straßen und Plätzen und an anderen öffentlichen Orten sowie von Haus zu Haus, soweit der öffentliche Verkehr hierdurch nicht beeinträchtigt wird, nur mit der Einschränkung zugelassen, daß Vormittags von $1/_2 10$ bis $1/_2 12$ Uhr (jetzt 9—11 Uhr) und Nachmittags von 3 bis 4 Uhr ein Feilbieten nicht stattfinden darf.

Die zulässige Zahl und die Lage der Verkaufsstände wird von der Polizeibehörde unter Berücksichtigung der Verkehrsverhältnisse festgestellt. Verkäufer haben daher die Zuweisung eines Standes bei der Polizeibehörde nachzusuchen.

Mülheim am Rhein, den 25. April 1893.

Der Bürgermeister gez. Steinkopf.

Bekanntmachung,
betreffend die zulässige Ausübung des Handelsgewerbes an Sonn- und Festtagen in der Stadt Mülheim am Rhein.

Im Interesse der Bürgerschaft bringe ich in Nachstehendem zur allgemeinen Kenntniß, in welchem Umfange das Handelsgewerbe an Sonn- und Festtagen in der Stadtgemeinde Mülheim am Rhein nach den bis jetzt erlassenen Bestimmungen und Anordnungen ausgeübt werden darf:

Im Allgemeinen darf ein **Geschäftsverkehr im Handelsgewerbe** an Sonn- und Festtagen nur stattfinden in der Zeit von **7 Uhr bis $1/_2 10$ Uhr (jetzt 9 Uhr) Vormittags** und von **$1/_2 12$ Uhr (jetzt 11 Uhr) Vormittags bis 2 Uhr Nachmittags.** Während dieser Stunden dürfen Gehülfen, Lehrlinge und Arbeiter im Handelsgewerbe beschäftigt werden und es darf in offenen Verkaufsstellen der übliche Geschäftsverkehr wie an gewöhnlichen Wochentagen stattfinden.

Ausnahmen:

1. Am **letzten Sonntage vor Ostern und an den drei letzten Sonntagen vor Weihnachten** ist der Geschäftsverkehr im Handelsgewerbe mit Ausnahme der Gottesdienstpausen von $1/_2 10$ bis $1/_2 12$ Uhr Vormittags (jetzt 9 bis 11 Uhr) bis 7 Uhr Abends vollständig freigegeben.

2. Das unter Nr. 1 Gesagte gilt für zwei weitere Sonntage im Jahre, welche von mir jedesmal besonders bestimmt und bekannt gemacht werden. Im laufenden Jahre ist für den Geschäftsverkehr bis 7 Uhr Abends freigegeben worden der 12. Februar (Sonntag vor Fastnacht) und der 4. Juni (Kirmessonntag).

3. Für den **Handel mit Blumen und Kränzen** ist außerdem am **Neujahrstage** und am **Todtenfestsonntag** (5. Sonntag vor Weihnachten oder der letzte Sonntag vor dem 1. Advent) eine erweiterte Beschäftigungszeit bis 7 Uhr Abends zugelassen.

4. Der **Verkauf von Back- und Konditorwaaren** ist schon von 5 Uhr

Morgens ab, im Uebrigen jedoch unter Beobachtung der Eingangs bezeichneten allgemein freigegebenen Zeit sowie in der Stunde von 4 bis 5 Uhr Nachmittags gestattet.

5. Der **Milchhandel im stehenden Gewerbe** ist ebenfalls von 5 Uhr Morgens ab und außerdem Nachmittags in der Zeit von 4 bis 6 Uhr gestattet.

6. Für die **Zeitungsspedition** ist die zulässige Geschäftszeit an Sonn- und Festtagen auf die Stunden von 4 bis 9 Uhr Vormittags festgesetzt.

7. **Am ersten Weihnachts-, Oster- und Pfingsttage** ist nur der Handel mit Back- und Konditorwaaren, mit Fleisch, Wurst, Vorkostartikeln und Milch, sowie die Zeitungsspedition zulässig und zwar in der Zeit von 5 bis 9 Uhr Morgens.

8. **Das Feilbieten von Obst an öffentlichen Wegen, Straßen und Plätzen und an anderen öffentlichen Orten,** sowie von Haus zu Haus ist mit polizeilicher Erlaubniß an jedem Sonn- und Festtage mit der Einschränkung zugelassen, daß Vormittags von $1/_2 10$ bis $1/_2 12$ Uhr (jetzt 9 bis 11 Uhr) und Nachmittags von 3 bis 4 Uhr ein Feilbieten nicht stattfinden darf.

Sonst ist der Handel an öffentlichen Wegen, Straßen und Plätzen und an anderen öffentlichen Orten, sowie **der Handel im Umherziehen** an Sonn- und Festtagen gänzlich untersagt. Ausnahmen sind in einzelnen Fällen nach Maßgabe der bestehenden Bestimmungen nur mit Genehmigung des diesseitigen Amtes gestattet.

Mülheim am Rhein, den 30. Mai 1893.

Der Bürgermeister:

J. V.: Der Beigeordnete Dr. jur. **Heyl**.

Auf Grund des Reichsgesetzes vom 1. Juni 1891, der ministeriellen Ausführungsanweisung vom 10. Juni 1892 und der Ausführungsbestimmungen des Königlichen Herrn Regierungs-Präsidenten vom 20. Juni 1892, betreffend die Sonntagsruhe im Handelsgewerbe, wird hierdurch in Abänderung meiner Bekanntmachung vom 28. Juni 1892 die für den Hauptgottesdienst an den Vormittagen der Sonn- und Festtage bestimmten Pause, während welcher ein Gewerbebetrieb in offenen Verkaufsstellen und eine Beschäftigung von Gehülfen 2c. im Handelsgewerbe nicht stattfinden darf, für den Umfang der hiesigen Gemeinde auf die Zeit von 9—11 Uhr Vormittags festgesetzt.

Mülheim am Rhein, den 15. November 1893.

Der Bürgermeister: **Steinkopf**.

Es wird hierdurch zur allgemeinen Kenntniß gebracht, daß von jetzt ab der letzte Sonntag vor Ostern, bezw. Pfingsten und Allerheiligen, sowie die 3 letzten Sonntage vor Weihnachten für diejenigen Zweige des Handelsgewerbes, in denen Waaren in offenen

Verkaufsstellen feilgehalten werden, für den erweiterten Geschäftsverkehr bis zur Dauer von 10 Stunden täglich, mit Ausnahme der Gottesdienstpause von 9—11 Uhr Vormittags, bis 7 Uhr Abends freigegeben sind.

Für den Handel mit Blumen und Kränzen ist außerdem noch am 1. November — Allerheiligen — sowie am Todtenfestsonntage und Neujahrstage eine erweiterte Beschäftigungszeit bis 7 Uhr Abends zugelassen.

Mülheim am Rhein, 17. Januar 1894.

Der Bürgermeister: **Steinkopf**.

Unter Aufhebung meiner Bekanntmachung vom 17. d. Mts. wird hierdurch zur allgemeinen Kenntniß gebracht, daß von jetzt ab
 der letzte Sonntag vor Ostern bezw. vor Pfingsten und vor Allerheiligen, sowie die 3 letzten Sonntage vor Weihnachten für diejenigen Zweige des Handelsgewerbes, in denen Waaren in offenen Verkaufsstellen feilgehalten werden, für den erweiterten Geschäftsverkehr bis zur Dauer von 10 Stunden täglich, mit Ausnahme der Gottesdienstpause von 9—11 Uhr Vormittags, bis 7 Uhr Abends freigegeben sind.

Für den Handel mit Blumen und Kränzen ist außerdem noch am Todtenfestsonntage und Neujahrstage eine erweiterte Beschäftigungszeit bis 7 Uhr Abends zugelassen.

Auf den Allerheiligentag finden gemäß eines inzwischen ergangenen Erlasses des Herrn Regierungspräsidenten die gesetzlichen Bestimmungen über die Sonntagsruhe keine Anwendung.

Mülheim am Rhein, den 24. Januar 1894.

Der Bürgermeister: **Steinkopf**.

Polizei-Verordnung.

Auf Grund der §§ 5 und 6 des Gesetzes über die Polizei-Verwaltung vom 11. März 1850 wird mit Genehmigung der Königlichen Regierung zu Köln gemäß Verfügung vom 12. Mai 1871, B. 6982, von dem unterzeichneten Bürgermeister der Stadtgemeinde Mülheim am Rhein unter Aufhebung der früheren polizeilichen Bestimmungen in Bezug auf die öffentlichen Tanzbelustigungen für den Umfang der Stadtgemeinde Mülheim am Rhein hierdurch nachstehende Polizei-Verordnung erlassen.

§ 1.

Zur Abhaltung von öffentlichen Tanzbelustigungen ist die jedesmalige schriftliche Erlaubniß des Bürgermeisters erforderlich.

§ 2.

Die Tage, an welchen eine solche Erlaubniß zu Tanzbelustigungen ertheilt wird, sind:

a) Kaisers-Geburtstag,

b) der Oster-Montag,
c) der Pfingst-Montag,
d) der Sylvester-Abend,
e) die drei Karnevalstage,
f) die Kirmeßtage, und zwar der betreffende Sonntag und der darauf folgende Montag und Dienstag.

§ 3.

Außerdem kann der Bürgermeister in besonderen Fällen und aus besonderen Gründen Erlaubniß zu öffentlichen Tanzbelustigungen ertheilen.

§ 4.

Die Zeit, innerhalb welcher die Tanzbelustigungen stattfinden dürfen, wird vom Bürgermeister festgesetzt und im Erlaubnißschein angegeben.

§ 5.

(Aufgehoben durch L.=P.=V. v. 4. Mai 1881.)

§ 6.

Die Wirthe oder sonstigen Unternehmer öffentlicher Tanzbelustigungen, welche solche ohne die vorgeschriebene schriftliche Erlaubniß des Bürgermeisters oder außerhalb der im Erlaubnißschein festgesetzten Zeit abhalten, verfallen in eine Geldstrafe von 1 bis 10 Thalern und im Fall des Zahlungsunvermögens in verhältnißmäßige Haft.

§ 7.

Gegenwärtige Polizeiverordnung, welche an dem hiesigen Gemeindehause angeschlagen ist und solches acht Tage lang bleiben wird, tritt sofort nach der Publikation in Kraft.

Mülheim am Rhein, den 20. Mai 1871.

Der Bürgermeister: **Blin.**

Eisenbahn-, Schifffahrt- und Strom-Polizei.

Polizei-Verordnung.

Auf Grund der §§ 5 und 6 des Gesetzes über die Polizei-Verwaltung vom 11. März 1850 wird von dem unterzeichneten Bürgermeister der Stadtgemeinde Mülheim am Rhein für den Umfang der diesseitigen Bürgermeisterei hierdurch nachstehende Polizei-Verordnung erlassen:

§ 1. Das Bugsiren der mit Schießpulver beladenen Kähne oder sonstigen Fahrzeuge durch mit Passagieren besetzte Dampfschiffe wird hiermit untersagt.

§ 2. Zuwiderhandelnde verfallen in eine Polizeistrafe von 1 bis 3 Thalern und im Fall des Zahlungsunvermögens in verhältnißmäßige Gefängnißstrafe.

§ 3. Gegenwärtige Polizei-Verordnung, welche an dem hiesigen Gemeindehause angeschlagen ist und solches acht Tage lang bleiben wird, tritt sofort nach der Publikation in Kraft.

Mülheim, den 2. September 1865.

Der Bürgermeister: **Blin.**

Polizei-Verordnung.

Auf Grund der §§ 5 und 6 des Gesetzes über die Polizei-Verwaltung vom 11. März 1850 wird von dem unterzeichneten Bürgermeister der Stadtgemeinde Mülheim am Rhein für den Umfang der Stadtgemeinde hierdurch nachstehende Polizei-Verordnung erlassen.

§ 1. Die Betheiligung an der Rheinfahrt der Frohnleichnams-Prozession in Nachen wird für Frauen und Kinder zur Verhütung von Unglücksfällen hiermit polizeilich untersagt.

§ 2. Die Kahnführer dürfen Frauen und Kinder, welche ihre Nachen besteigen wollen, nicht aufnehmen.

§ 3. Zuwiderhandlungen gegen diese Polizei-Verordnung unterliegen einer Geldstrafe von 3 bis 9 Mark und im Zahlungsunvermögensfalle verhältnißmäßiger Haftstrafe.

§ 4. Gegenwärtige Polizei-Verordnung, welche an dem hiesigen Gemeindehause angeschlagen ist und solches acht Tage lang bleiben wird, tritt sofort nach Publikation in Kraft.

Mülheim am Rhein, den 11. Mai 1875.

Der Bürgermeister: **Kaiser**.

Polizei-Verordnung.

Auf Grund der §§ 5 und 6 des Gesetzes über die Polizei-Verwaltung vom 11. März 1850 wird auf den Antrag des Königlichen Eisenbahn-Betriebs-Amtes zu Düsseldorf hierdurch folgende für den Umfang der Stadtgemeinde Mülheim am Rhein gültige Polizei-Verordnung erlassen:

§ 1. Auf dem zum Güterbahnhofe der Bergisch-Märkischen Eisenbahn hierselbst gehörigen und dem Güterschuppen gegenüber an den allgemeinen Ladegeleisen liegenden Zufuhrwege — von der Wolfstraße aus — dürfen ohne besondere Erlaubniß der Eisenbahn-Verwaltung unbespannte Fuhrwerke überhaupt nicht, und bespannte Fuhrwerke nur so lange aufgestellt werden, als das Auf- und Abladen derselben dauert.

§ 2. Uebertretungen dieses Verbotes werden mit einer Geldbuße von 1—9 Mark oder mit verhältnißmäßiger Haft bestraft.

§ 3. Gegenwärtige Verordnung tritt nach erfolgter ortsüblicher Bekanntmachung sofort in Kraft.

Mülheim am Rhein, den 6. Februar 1886.

Der Bürgermeister **Steinkopf**.

Verordnung
in Betreff der Rheinschiffbrücke bei Mülheim am Rhein.

Auf Grund des § 11 des Gesetzes über die Polizei-Verwaltung vom 11. März 1850 erlassen wir hierdurch rücksichtlich des Landverkehrs über die bei Mülheim am Rhein bestehende Rheinschiffbrücke und rücksichtlich desjenigen, was von den Schiffen und Flößen in Betreff dieser Brücke zu beobachten ist, nachstehende Polizei-Verordnung:

Titel I.
Bestimmungen rücksichtlich des Landverkehrs über die Rheinschiffbrücke bei Mülheim am Rhein.

§ 1. Der Uebergang über die Rheinschiffbrücke ist für Fußgänger zu jeder Zeit gestattet; jedoch haben die Personen, welche keine Befreiung genießen, vor dem Aufgange zur Brücke das tarifmäßige Brückengeld an die zur Erhebung bestellten Einnehmer zu entrichten.

Der Uebergang für Reiter, Fuhrwerke und Thiere unterliegt den in den §§ 11, 21 und 25 getroffenen Beschränkungen.

§ 2. Es darf nur im Schritt über die Brücke gefahren, geritten oder Vieh getrieben werden.

§ 3. Die Fußgänger dürfen nur die eigentliche Brückenbahn zwischen der Geländerlinie benutzen und namentlich, mit Ausnahme von Nothfällen, nicht in die Brückenschiffe steigen.

§ 4. Fußgänger, Reiter und Fuhrwerk jeder Art haben auf der Brücke die rechte Seite der Fahrbahn inne zu halten.

§ 5. Da das Stehenbleiben einer größeren Anzahl Personen an einzelnen Stellen der Brücke oder längs der Geländer derselben, sowie das Sitzen auf den Geländern nicht statthaft ist, so hat sich in einem solchen Falle jeder auf die erste Aufforderung der Brückenbeamten zu entfernen.

§ 6. Größere Menschenmassen, z. B. Militär-Abtheilungen über 12 Mann und Festaufzüge, welche die Brücke begehen, dürfen nicht Tritt halten. Für die Uebertretung dieser Vorschrift ist der Führer des Zuges verantwortlich.

Der Fußgängerverkehr auf den Landbrücken wird zur Verhinderung größeren Andranges vom Brückenpersonal geregelt, und muß der Aufforderung desselben entsprochen werden.

§ 7. Schwer beladene Fuhrwerke und Geschütze müssen immer wenigstens um drei Brückenschiffe von einander entfernt bleiben und dürfen, wenn die Brücke für die Schifffahrt geöffnet ist, nur auf der Mitte eines Joches halten.

§ 8. Das Vorbei- und Nebeneinanderfahren von Fuhrwerken nach einer und derselben Richtung ist auf der Brücke untersagt; nur die Kaiserlichen Posten und Personen-Fuhrwerke dürfen im Schritt an Lastfuhrwerken vorbeifahren.

Das Stillhalten der Fuhrwerke auf der Brücke, wenn diese nicht ausgefahren ist, ist verboten.

§ 9. Kein Fuhrmann darf auf der Brücke die Leitung seines Fuhrwerks aus der Hand lassen.

§ 10. Wenn die Landbrücken der Schiffbrücke stark fallen oder ansteigen, darf schwer beladenes Fuhrwerk, wozu auch die Postwagen und Omnibus gehören, nicht auf die Brücke fahren, ohne mit sicheren Hemmvorrichtungen versehen zu sein. Der Führer des Fuhrwerks muß dasselbe beim Hinabfahren gehörig hemmen und den desfallsigen Anordnungen der Brückenbeamten Folge leisten.

§ 11. Die Schiffbrücke ist bei Wasserständen von + 1,5 m bis 6,5 m am Kölner Pegel für jeden Verkehr freigegeben, bei Wasserständen unter + 1,5 m am Kölner Pegel kann die Benutzung der Brücke für **beladenes Lastfuhrwerk** durch den Brückenmeister bezw. seinen Stellvertreter verboten werden.

§ 12. Wenn die Schiffbrücke ausgefahren ist, müssen die ankommenden Fuhrwerke auf den Zufahrtstraßen in angemessener Entfernung von den Schlagbäumen in einer Reihe halten und eine Seite des Weges für die von der Brücke abfahrenden Fuhrwerke und für die Fußgänger frei lassen.

Den desfallsigen Anordnungen der Polizei- und Brückenbeamten ist von den Führern der Fuhrwerke und Thiere Folge zu leisten.

§ 13. Die in der vorbezeichneten Art aufgestellten Fuhrwerke dürfen nach freigegebener Durchfahrt nur nach der entstandenen Reihenfolge vorrücken. Von diesem Vorrücken nach der Reihenfolge sind jedoch die Kaiserlichen Posten ausgenommen; dieselben müssen, nachdem die Brücke wieder eingefahren ist, sowohl auf der Mülheimer als auf der Kölner Seite beim Oeffnen des Schlagbaums zuerst auf die Brücke gelassen werden.

§ 14. Ist die Brücke zum Durchlassen der Schiffe oder aus einem anderen Grunde durch Schlagbäume abgesperrt, so darf ohne amtlichen Anlaß sich Niemand auf den abgeschlossenen Theilen der Brücke aufhalten.

Das eigenmächtige Oeffnen sowie das Uebersteigen der Schlagbäume auf der Brücke und das Durchschlüpfen unter denselben ist untersagt.

§ 15. Das Uebersetzen von Fußgängern, welche das Wiedereinfahren der Brücke und das Oeffnen der Schlagbäume nicht abwarten wollen, von der einen nicht abgeschlossenen Stelle der Brücke bis zur anderen nicht abgeschlossenen Stelle derselben mittelst Nachen muß vom Eintritte der Dunkelheit Abends und, wenn ein Zusammenstoß des Nachens mit den durch die Oeffnung der Brücke fahrenden Schiffen oder Flößen zu besorgen, oder die Fahrt durch den Sturmwind gefahrbringend ist, unterbleiben.

Auch muß die Nachenfahrt eingestellt werden, wenn dieselbe nach dem Ermessen des Brückenmeisters bei großer Breite der Brücken-Oeffnung durch das Ausfahren von mehr als zwei Jochen wegen der von dem jeweiligen Wasserstande bedingten Stromgeschwindigkeit nicht angänglich erscheint.

Die Zahl der Personen, über welche hinaus nicht mehr in die Nachen eingestiegen werden darf, haben die mit dem Uebersetzen betrauten Brückenbeamten für jede einzelne Fahrt, je nach den für die Sicherheit derselben in Betracht kommenden Verhältnissen festzustellen.

§ 16. Alle Last- und Frachtfuhrwerke, welche die Schiffbrücke befahren wollen, müssen, sofern das Gesammtgewicht einschließlich der Ladung nicht weniger als 1000 kg beträgt, einen Radfelgenbeschlag von mindestens 5 cm haben.

Das höchste zulässige Ladungsgewicht beträgt für vierräderiges Fuhrwerk bei einer Breite der Felgenbeschläge

von 5 — 6½ cm	2000 kg	
„ 6½—10 cm	2500	„
„ 10 — 15 cm	5000	„
„ 15 cm und darüber	6000	„

Ein stärker belastetes Fuhrwerk darf auch bei Anwendung noch breiterer Felgen die Brücke nicht befahren.

Für zweiräderige Fuhrwerke und für solche Kippwagen, bei denen das Hauptgewicht der Ladung auf zwei Rädern ruht, ist nur die Hälfte des für vierräderiges Fuhrwerk zulässigen höchsten Ladungsgewichts gestattet.

Kein Fuhrwerk darf die Brücke befahren, an dessen Radfelgen
1) die Köpfe der Radnägel, Stifte oder Schrauben nicht eingelassen sind, sondern vorstehen, oder
2) der Beschlag so konstruirt ist, daß er keine gerade Oberfläche bildet.

Das letzte Verbot (ad 2) findet jedoch auf solche Radbeschläge nicht Anwendung, welche blos in Folge der Abnutzung eine gewölbte Oberfläche angenommen haben.

Die Entscheidung darüber, ob die über die Brücke wollenden Lastfuhrwerke diesen Vorschriften entsprechen, steht zunächst dem Brückenmeister zu.

§ 17. Keine Ladung eines Fuhrwerks, welches zu gewöhnlichen Tageszeiten die Schiffbrücke befahren will, darf mehr als 2,80 Meter Breite haben. — Breiter beladene Fuhrwerke müssen an der Mülheimer Seite außerhalb der Brückenstraße und an der Kölner Seite in der Mülheimer Straße an geeigneter Stelle anhalten und für den Uebergang über die Brücke erst vom Brückenmeister die Erlaubniß einholen, welche nur dann ertheilt werden kann, wenn der Uebergang eines solchen Fuhrwerks über die Brücke möglich ist, ohne dort einem anderen zu begegnen. — Erforderlichen Falles haben solche Fuhrwerke bis zur Nacht zu warten.

§ 18. Wenn das Gesammtgewicht der Ladung und des Fuhrwerks einschließlich alles Zubehörs an Leinwand, Stroh, Ketten, Winden usw. ermittelt worden ist und nachgewiesen wird, so soll, sofern auf Grund des § 8 des Gesetzes vom 20. Juni 1887 Normalgewichte für die Wagen festgestellt sein werden, dieses Gewicht von dem ermittelten Gesammtgewicht des Fuhrwerks abgehen und der Rest als das Gewicht der Ladung gelten.

§ 19. Jeder Fuhrmann eines schweren Fuhrwerks d. h. eines solchen, welches bei 2 Rädern wenigstens mit 2 Pferden, bei 4 Rädern wenigstens mit 4 Pferden bespannt ist, ist verpflichtet, in einer so großen Entfernung von der Schiffbrücke, daß das Fuhrwerk noch leicht umgewendet werden kann, also an der Mülheimer Seite außerhalb der Brückenstraße und an der Kölner Seite in angemessener Entfernung auf der Mülheimer Straße anzuhalten und vorerst beim Brückenmeister die Erlaubniß zum Uebergange über die Brücke durch Vorlegung amtlich beglaubigter Wagescheine des Wagens und seiner Ladung einzuholen.

Die Brückenbeamten können aber auch von jedem geringer bespannten Fuhrwerk, welches ihnen schwerer als zulässig beladen zu sein scheint, verlangen, daß es in angemessener Entfernung von der Brücke halte und vor der Ueberfahrt über dieselbe den vorgeschriebenen Nachweis über das Gewicht der Ladung vorlege.

§ 20. Alle Fuhrwerke, denen die Erlaubniß zur Ueberfahrt über die Schiffbrücke vom Brückenmeister verweigert worden ist, müssen sofort den Halteplatz räumen.

Fuhrwerke, deren Führer sich nicht sogleich dazu verstehen, werden auf deren Kosten polizeilich fortgeschafft.

§ 21. Die Fuhrwerke dürfen, außer bei einer Begegnung, nicht näher als bis 1 Meter an das Geländer heranfahren.

§ 22. Wenn bei außergewöhnlichem Verkehre auf der Brücke in Folge von besonderen Veranlassungen, als Festlichkeiten ꝛc. in Mülheim am Rhein, die Sicherheit der Fußgänger es erfordert, ist die Brückenverwaltung nach eingeholter diesseitiger Genehmigung und nach einer in der Kölnischen Zeitung und in den für die amtlichen Bekanntmachungen des Kreises Mülheim am Rhein und des Landkreises Köln bestimmten anderen Zeitungen einen Tag vorher bewirkten Bekanntmachung ermächtigt, den Uebergang von Thieren und Fuhrwerk jeder Art auf einen halben Tag zu versagen.

§ 23. Das Ueberziehen von Schiffen von einer Rheinseite zur andern an Seilen von der Schiffbrücke aus ist nur nach vorher ertheilter Erlaubniß des Brückenmeisters und unter Aufsicht eines Brückenwärters zulässig. Durch Nichtbefolgung dieser Vorschrift wird sowohl der Führer des Schiffes als jeder am Seile Ziehende strafbar.

§ 24. Viehheerden sowie Pferdetransporte dürfen sich auf der Brücke nicht begegnen. Zu diesem Behufe hat der Führer des Transports denselben, wenn er noch in einer den Verkehr nicht behindernden Entfernung von der Brücke ist, dem Brückenmeister zu melden, und die Erlaubniß zum Uebergange einzuholen.

Der Brückenmeister kann, wenn es ihm nöthig scheint, die Brücke so lange schließen, bis der Transport dieselbe überschritten hat.

Wenn die Brücke nicht geschlossen wird, so dürfen, um die Sicherheit und Bequemlichkeit der Fußgänger nicht zu gefährden, nicht mehr als 12 Stück Rindvieh, welche sämmtlich, und zwar je 2 Stück in einer Reihe, miteinander durch feste Stricke verbunden sein müssen, zugleich, sowie Schafe, Schweine und Ziegen nur in Abtheilungen von höchstens 50 Stück über die Brücke getrieben werden. Bei jedem Transport müssen wenigstens 2 Treiber sein, wovon der eine vor, der andere hinter dem Vieh geht.

Die Führer größerer Heerden haben dafür zu sorgen, daß sowohl das zurückbleibende als das übergeführte Vieh sich unter gehöriger Obhut befinde, bis die ganze Heerde übergetrieben ist.

Bei Pferdetransporten dürfen sich nur 4 Pferde an einer Koppel befinden. Besonders gefährliche Thiere, als Stiere, scheue Hengste usw. müssen an Seilen oder Halftern und geknichalftert übergeführt werden. Auch ist schweres Mastvieh an Seilen überzuführen.

§ 25. Es ist verboten, feuergefährliche Gegenstände mit der Schiffbrücke oder den dazu gehörigen Geräthschaften in Berührung zu bringen.

Titel II.

Bestimmungen, welche die Schifffahrt in Bezug auf die Rheinschiffbrücke bei Mülheim am Rhein zu beachten hat.

§ 26. Schiffe und Stromfahrzeuge aller Art dürfen nicht an die Rheinschiffbrücke oder deren Verankerung und Meerung befestigt werden.

§ 27. Oberhalb der Schiffbrücke liegende Schiffe müssen das Wasser soweit frei lassen, daß nicht an die Brückenschiffe oder deren Ankerketten gestoßen werde. An den Ufern dürfen Schiffe nicht soweit in den Strom hinausgelegt werden, daß dadurch die Durchfahrt durch die Schiffbrücke verhindert oder erschwert wird.

§ 28. Unterhalb der Schiffbrücke dürfen Schiffe aller Art nur in einer Weise vor Anker gelegt werden, daß auf Verlangen der Brückenbeamten sofort ein freier Raum von wenigstens 30 m Breite und 65 m Länge zum Anlegen dreier Brückenjoche hintereinander geschaffen werden kann.

§ 29. Sobald Treibeis zu erwarten ist, müssen sämmtliche Flußfahrzeuge einschließlich der Flöße, welche am Kölner Ufer unterhalb der Schiffbrücke vor Anker oder gemeert liegen, auf Verlangen des Brückenmeisters soweit treiben lassen, daß die sämmtlichen Brückenjoche hinter einander gemeert werden können.

§ 30. Die Brücke wird für Segelschiffe regelmäßig 10 Minuten nach jeder vollen Stunde, jedoch nur bei Tage, geöffnet.

Die Tageszeit erstreckt sich in den Monaten
Januar und Dezember von Morgens 8 bis Abends $4^{1}/_{4}$ Uhr,
Februar und November von Morgens 7 bis Abends $5^{1}/_{4}$ Uhr,
März und Oktober von Morgens $6^{1}/_{2}$ bis Abends $5^{1}/_{2}$ Uhr,
April und September von Morgens 5 bis Abends $6^{1}/_{2}$ Uhr,
Mai und August von Morgens 4 bis Abends $7^{1}/_{2}$ Uhr,
Juni und Juli von Morgens $3^{3}/_{4}$ bis Abends $8^{1}/_{2}$ Uhr.

§ 31. Die Segelschiffe, welche die Brücke zu Thal durchfahren wollen, müssen oberhalb der Brücke aufschlagen und dieselbe bei der nächsten zu bewerkstelligenden Oeffnung durchfahren.

Diese Schiffe sind sofort nach ihrer Ankunft oberhalb der Brücke zur Durchfahrt bereit zu legen, und sobald dies geschehen ist, von Seiten des Schiffsführers dem Brückenmeister oder seinem Vertreter anzumelden.

§ 32. Die jedesmalige Oeffnungszeit soll höchstens 30 Minuten dauern. Sollten alsdann noch mehrere zur Durchfahrt angemeldete Segelschiffe bereit liegen, so ist die Brücke, nachdem sie 20—30 Minuten dem Landverkehr gedient hat, nochmals bis zu 30 Minuten Zeit zu öffnen.

Ist dagegen ein zur Durchfahrt angemeldetes Schiff, wenn die Brücke für dasselbe geöffnet worden, nach Verlauf von 10 Minuten nicht in der Brückenöffnung, so muß das Schiff bis zur nächsten Oeffnungszeit warten.

§ 33. Kurz oberhalb der Schiffbrücke darf kein Schiff Manöver machen, welche die Brücke in Gefahr bringen können. Namentlich ist es den Segelschiffen, welche einwärts liegende Schiffe herauslassen wollen, untersagt, in den Strom hinein bis über die Brückenöffnung hinaus abzugiriren.

§ 34. Jedes Schiff, welches die Brücke durchfahren will, muß mit hinlänglichem Tauwerk und einem Nothanker versehen sein und dies alles klar geordnet auf dem Verdecke bereit halten. Im Unterlassungsfalle haben die Brückenbeamten dem betreffenden Schiffe die Durchfahrt zu verweigern.

§ 35. Die im Artikel XIII, Ziffer 4 der Polizei-Verordnung für Schifffahrt und Flößerei auf dem Rhein vom 7. November 1887 — Amtsblatt S. 333 ff. — enthaltene Vorschrift, daß Dampfschiffe, insofern nicht die volle Maschinenkraft zur sicheren Steuerung derselben durch die Schiffbrücke erforderlich ist, mit verminderter Kraft durch die Oeffnung der letzteren fahren sollen, ist zur Vermeidung des schädlichen Wellenschlages streng zu beachten.

§ 36. Aus demselben Grunde dürfen die Dampfschiffe beim Wenden oberhalb der Schiffbrücke mit keinem Theile des Schiffes der Brücke so nahe kommen, daß letztere hierdurch beschädigt oder gefährdet wird.

§ 37. Außer den regelmäßigen Oeffnungszeiten wird die Schiffbrücke noch, wenn es nicht wegen besonderer Umstände unterbleiben muß, geöffnet:

A. bei Tage

für Dampfschiffe jeder Art zu jeder Zeit.

B. bei Nacht nur

a) für Dampfschiffe der Rheinstrom-Bauverwaltung und für Personendampfschiffe nach Fahrplandienst, jedoch erst nach vorheriger Benachrichtigung des Brückenmeisters, und zwar für erstere Schiffe unbedingt, für letztere bei Verspätungen über eine halbe Stunde.

b) für Schleppdampfschiffe, wenn sie vorher bis 6 Uhr Abends dem Brückenmeister eine schriftliche Anzeige gemacht haben, und dann auch nur

1. bei der Bergfahrt bis zu einem Wasserstande von 4,40 Meter am Pegel zu Köln,

2. bei der Thalfahrt bis zu einem Wasserstande von 3,20 Meter an demselben Pegel und wenn sie kein Anhängeschiff mit sich führen.

§ 38. Die Zeichen, welche die Dampfschiffe zu geben haben, wenn sie die Schiffbrücke durchfahren wollen, sind folgende:

a) Die zu Berg fahrenden Dampfschiffe jeder Art, auch die Schleppzüge, haben sich sowohl bei Tage, als bei Nacht durch zweimaliges längeres Läuten mit der Schiffsglocke anzumelden.

b) Bei der Fahrt zu Thal haben:

1. Einzeldampfer und solche Schleppzüge, welche von einer oberhalb der Brücke bis in die Höhe der Frohngasse von Cöln befindlichen Anlegestelle abfahren und die Brücke durchfahren wollen, eine zwei bis drei Meter breite rothe Flagge, welche mittels eines Rahmens befestigt ist, aufzuziehen und rechtzeitig längere Zeit mit der Schiffsglocke zu läuten; an Stelle der Flagge ist bei nebligem Wetter, Schneegestöber, dunkeler Luft und bei Nacht eine hellbrennende rothe Laterne vom Verdecke bis zu den oberen Laternen des Mastes so lange an dem letzteren langsam auf- und niederzuziehen, bis von der Schiffbrücke das in dem § 43 beschriebene Zeichen, daß die Schiffbrücke geöffnet worden, gegeben ist;

2. Schleppzüge, welche die Brücke durchfahren wollen, ohne innerhalb der unter 1 bezeichneten Strecken angelegt zu haben, das unter 1 an-

gegebene Zeichen mit der Flagge bezw. mit der Laterne zu geben und außerdem in der Gegend der Frohngasse einen Schuß in der Fahrrichtung nach dem rechten Rheinufer hin abzugeben. (Abänderung gemäß Reggs.-Pol.-Verordg. v. 8. I. 94 — Amtsblatt S. 19. —)

§ 39. Die neun Stromjoche der Schiffbrücke sind in ihrer Mitte mit den Nummern 1 bis 9, von der Kölner (linken) Seite aus zählend, durch große weiße Zahlen auf schwarzem Grunde bezeichnet.

Die für den Durchlaß der Dampfschiffe (§ 44 Ziffer 2 und 3) hauptsächlich bestimmten 2 Stromjoche sind dadurch kenntlich gemacht, daß am linken Ende des links liegenden Joches und am rechten Ende des rechts liegenden Joches je ein schwarz und weiß gestrichener Signalkorb in Höhe von etwa 5 Meter über der Brückenbahn dauernd aufgezogen ist.

§ 40. Wenn die Brücke nicht geöffnet werden kann, so wird dieses bei Tage durch Aufhissen einer blau und weißen Flagge und bei Nacht durch zwei grüne übereinander befindliche Laternen auf dem Stromjoche Nr. 7, dem dritten von Mülheim aus, signalisirt, welche Zeichen so lange aufgezogen bleiben, bis die Brücke geöffnet werden kann. Falls die Behinderung zum Ausfahren der Brücke nicht sogleich gehoben werden kann, so wird der Brückenmeister ohne Verzug telegraphisch dem Brückenmeister der Kölner Schiffbrücke über die bestehende Behinderung wie später auch über deren Wiederbehebung benachrichtigen und wird Letzterer den Führern der durch die Schiffbrücke bei Köln fahrenden Schiffe und Flöße davon Kenntniß geben.

§ 41. Wenn bei Tage die Brücke zum Durchfahren geöffnet und Alles in Ordnung ist, wird die Brückenöffnung durch je eine rothweiße Flagge zu beiden Seiten der Oeffnung bezeichnet. Vor dem Ausstecken dieser Flaggen oder nach Wegnahme derselben darf durch die Oeffnung nicht gefahren werden.

§ 42. Wenn in der Nacht die Brücke zum Durchfahren der Dampfschiffe geöffnet und Alles in Ordnung ist, wird die Brückenöffnung durch 2 Paar rothe Laternen bezeichnet, welche eine über der anderen zu beiden Seiten der Oeffnung in einer Höhe von etwa 4 Meter über die Brückenbahn aufgezogen werden. So lange diese 4 rothen Laternen, je 2 übereinander zu jeder Seite der Oeffnung, nicht aufgezogen sind oder sich nicht zu beiden Seiten der Oeffnung in jener Höhe befinden, müssen die zu Berg kommenden Schiffe beilegen, bis das Signal gegeben wird. Die zu Thal kommenden Personen- und Schleppdampfschiffe, und zwar letztere um so mehr, wenn sie wirklich Fahrzeuge schleppen, dürfen sich der Brücke nur so weit nähern, daß sie immer noch für den Verhinderungsfall oberhalb der Brücke mit Sicherheit wenden und landen können.

§ 43. Um die sich annähernden Schiffe schon auf größere Entfernungen davon zu unterrichten, daß sie die Brücke passiren können, werden folgende Vorsignale gegeben:

a) zur Bezeichnung, daß die Brücke zu Berg durchfahren werden kann, bei Tage eine weiße Flagge, bei Nacht zwei rothe Laternen.

b) zur Bezeichnung, daß die Brücke zu Thal durchfahren werden kann, bei Tage eine rothe Flagge, bei Nacht eine rothe Laterne. (Reggs Pol.-Verdg. vom 17. XII. 88 Nr. A 20149.)

Auch müssen die Flaggen an schräg oder wagerecht angebrachten Stöcken oder Leinen geführt werden, oder theilweise in einem Rahmen ausgespannt sein. Allgemeine Bestimmungen: Die Laternen müssen mit genügender Helligkeit brennen und die Flaggen dürfen des besseren Auswehens halber nur so groß sein, daß sie auf die Entfernung, für die sie bestimmt sind, noch deutlich erkannt werden können. Auch müssen die Flaggen an schräg oder wagerecht angebrachten Stöcken oder Leinen geführt werden, oder theilweise in einem Rahmen ausgespannt sein. Die Breite der Flaggen muß der Höhe mindestens gleich sein, darf aber letztere höchstens um die Hälfte überschreiten. Bei zweifarbigen Flaggen muß die Theilung wagerecht und die untere Hälfte weiß, die obere roth bezw. blau sein. (Amtsblatt: 1889 S. 3.)

§ 44. In der Regel werden für die Schifffahrt die folgenden Joche geöffnet:
1) für Segelschiffe ein Joch, und zwar:
   a. Nr. 2 für die oberhalb der Brücke aufschlagenden, und
   b. Nr. 9 für die am Mülheimer Werft liegenden Schiffe;
2) für Personen-Dampfschiffe bei Tage und bei Nacht auf der Thalfahrt die nach § 39 durch Signalkörbe bezeichneten 2 Joche, auf der Bergfahrt eins dieser Joche;
3) für Schleppschiffe mit oder ohne Anhang:

a. bei Tage,

sowohl für die Berg- als für die Thalfahrt, die nach § 39 durch Signalkörbe bezeichneten zwei Joche. Für die kleineren Schraubendampfer ohne Anhang wird jedoch nur eins dieser Joche ausgefahren. —

Verlangt der Kapitain eines auf der Thalfahrt befindlichen Schleppzuges, daß noch ein drittes Joch ausgefahren werde, so hat derselbe gleich nach seinem Signalschuß eine mindestens 3,8 m im Quadrat große weiße Flagge mit einem scharlachrothen quadratischen Mittelfelde von $1/3$ der Höhe und Breite der Flagge am Mast des Schleppschiffes vom Verdeck bis zum Topp des Mastes, wenigstens so lange auf- und niederzuziehen, bis das Schiff in die Höhe von Mülheim angekommen ist. Es wird alsdann noch ein neben den vorbezeichneten Jochen liegendes Joch ausgefahren;

b. bei Nacht,

wenn den Schleppdampfschiffen nach § 37 die Brücke geöffnet wird, für die Bergfahrt zwei Joche, und zwar die gleichen wie bei Tage, für die Thalfahrt gewöhnlich 3 Joche, und zwar außer den bei Tage regelmäßig auszufahrenden Jochen noch ein daneben liegendes.

§ 45. Wenn bei Tage ein einzelnes Dampfschiff durch die Brücke fährt, so können, wenn zwei Joche ausgefahren sind, noch 2 Segelschiffe und wenn ein Joch ausgefahren ist, noch ein solches ebenfalls die Brücke durchfahren, vorausgesetzt, daß diese Schiffe vollständig bereit dazu sind, daß die Brücke überhaupt nicht länger als 30 Minuten geöffnet bleibt, und daß kein Postwagen wartet.

§ 46. Wenn zu gleicher oder annähernd gleicher Zeit sowohl zu Thal als zu Berg sich Schiffe der Brückenöffnung zur Durchfahrt nähern, dann muß das Bergschiff so lange unterhalb seitlich der Oeffnung warten, bis das Thalschiff durchgefahren ist, befindet sich aber bereits das Bergschiff in der Oeffnung, dann muß das Thalschiff vor derselben seitlich so lange halten, bis das erstere dieselbe durchfahren hat.

§ 47. Niemals dürfen, wie auch nach der Polizei-Verordnung für die Schifffahrt und Flößerei auf dem Rhein vom 7. November 1887 in Art. II unter Ziffer 5 verboten, mehr als je zwei Schiffe neben einander gekuppelt, die Oeffnung der Brücke passiren.

§ 48. Alle zu Thal fahrenden Schleppzüge müssen, sobald sie die Höhe von Mülheim erreicht haben, ihren Kurs derart richten, daß sie die in § 44 bezeichnete Brückenöffnung in gestreckter Bahn durchfahren können, ohne die Besorgniß zu erregen, daß das Ausfahren noch eines weiteren Joches erforderlich werde.

§ 49. Die Schleppzüge müssen, um die Schiffbrückenöffnung zu durch=fahren, möglichst kurz zusammengezogen werden. So lange der Zug noch nicht vollständig aus der Brückenöffnung heraus ist, darf oberhalb der Schiffbrücke kein anderes Schiff in den Zug aufgenommen und die Ge=schwindigkeit des Schleppdampfers nicht vermindert werden.

§ 50. Wenn Schiffe, welche mit explosiven Stoffen beladen sind, die Brücke passiren sollen, so ist die bevorstehende Ankunft des Fahrzeuges und seine ungefähre Größe gemäß der Vorschrift in § 11 Lit. b der Verordnung über den Transport explosiver ꝛc. Stoffe auf dem Rheine vom 18. März 1880 (Amtsblatt Seite 64), seitens des Schiffführers zeitig dem Brückenmeister anzuzeigen.

Titel III.
Bestimmungen, welche von den Flößen in Bezug auf die Rheinschiffbrücke bei Mülheim a./Rh. zu beachten sind.

§ 51. Flöße dürfen nur bei Tage (§ 30) die Schiffbrücke durchfahren.

§ 52. Sie müssen sich durch den Wahrschaumachen, welcher nach Art. I Nr. 2 der Polizei-Verordnung für die Schifffahrt und Flößerei auf dem Rhein vom 7. November 1887 dem Floß mindestens eine Stunde vorauszufahren hat, schriftlich bei dem Brückenmeister melden (wahrschauen) und dabei die Breite des Floßes und ob die Durchfahrt in der Mitte des Stromes oder am rechten oder linken Ufer erfolgen solle, angeben. Werden mehrere Flöße gleichzeitig oder mit geringem Unterschiede der Zeit angemeldet, welche theils in der Mitte des Stromes und theils an den Ufern die Brücke passiren wollen, so haben die in der Mitte des Stromes durchfahrenden Flöße den Vorzug. Die Führer der anderen Flöße müssen dann auf die von ihrem Wahrschauer zurückzubringende Benachrichtigung des Brückenmeisters die Flöße landen und so lange warten, bis die Brücke in der Mitte wieder geschlossen ist und an den Ufern geöffnet werden kann.

§ 53. Die kleineren Flöße, Boden oder Stümmel genannt, für welche nur 1 bis 3 Joche ausgefahren zu werden brauchen und die nach Art. I Nr. 2 der vorgedachten Polizei=Verordnung sich nicht durch einen vorausgeschickten Nachen zu melden brauchen, müssen sich wenigstens eine Stunde vor ihrem Eintreffen bei der Brücke dem Brückenmeister durch einen Boten anmelden, damit sie, wenn die Brücke nicht ausgefahren werden kann, zurückgehalten werden können. —

§ 54. Bei steigendem Wasser, wenn der Wasserstand am Pegel bereits die Höhe von 4,40 Metern erreicht hat, und bei fallendem Wasser, wenn der Wasserstand am Pegel noch nicht unter 4,70 Metern gesunken ist, dürfen Flöße die Schiffbrücke nicht passiren (Art. XVI Ziffer 3 der vorgedachten Polizei=Verordnung).

§ 55. Wird die Weiterfahrt eines bereits gewahrschauten oder angemeldeten Floßes durch unvorhergesehene Umstände verhindert, so hat der Floßführer sofort einen zweiten Wahrschauer abzusenden, welcher den Brückenmeister benachrichtigt, daß das Floß nicht eintreffen werde. Will der Floßführer die Fahrt wieder beginnen (aufbrechen), dann muß derselbe nochmals wahrschauen lassen.

§ 56. Sind große oder kleine Flöße aber einmal in der Fahrt begriffen, sie mögen sich nun angemeldet haben oder nicht, so muß die Brücke, damit sie keinen Schaden leide, so schleunig als möglich geöffnet werden. Die Strafbarkeit der Führer der Flöße und die Verantwortlichkeit der Eigenthümer derselben für Unglücksfälle wird dadurch nicht ausgeschlossen.

Titel IV.
Allgemeine Vorschriften und Strafbestimmungen.

§ 57. Die Brückenbeamten dürfen unter keinem Vorwande Trinkgelder für geleistete Dienste fordern.

§ 58. Die Brückenbeamten sind angewiesen, sich gegen das Publikum höflich zu benehmen und auf Verlangen über die obigen Bestimmungen Auskunft zu ertheilen.

§ 59. Beschwerden sind zunächst bei dem Brückenmeister und in weiterer Instanz bei dem Ortspolizei=Verwalter der Stadt Mülheim a./Rh. anzubringen.

§ 60. Uebertretungen der vorstehenden Vorschriften durch das Publikum werden, insofern nicht, wie z. B. nach § 366 Ziffer 10 des Strafgesetzbuches und nach Art. XXXIV der Polizei=Verordnung für die Schifffahrt und Flößerei auf dem Rhein vom 7. November 1887 höhere Strafen Anwendung finden, mit Geldbuße von 3 bis zu 30 Mark und im Unvermögensfalle mit verhältnißmäßiger Haft geahndet. Es ist jedoch das Minimum der Geldbuße bei Uebertretungen gegen die §§ 16, 17, 20, 24, 27, 28, 33, 34, 36 und 49 15 Mark und bei Uebertretungen gegen die §§ 51 bis inkl. 55 30 Mark.

§ 61. Der Brückenmeister, sein Stellvertreter und alle übrigen Brückenbeamten haben den Vollzug dieser Verordnung zu überwachen.

Der Brückenmeister muß über vorgefallene Kontravention selbst Protokoll errichten oder veranlassen, daß die zuständige Polizeibehörde mit der Sache befaßt werde.

§ 62. Personen, welche den Anordnungen der Brückenbeamten keine

Folge leisten, können von denselben der zuständigen Polizeibehörde zum Behuf weiterer Bestimmung vorgeführt werden. — Schiff- und Floßführer, welche den in dieser Polizei-Verordnung enthaltenen Vorschriften zuwider handeln, sind, wenn sie vor erfolgter Entscheidung ihre Reise fortsetzen wollen, nach § 15 des Gesetzes, betreffend die Rheinschifffahrts-Gerichte vom 9. März 1870 (Ges.-S. S. 180) zur Stellung einer Kaution für Strafe und bezw. Schadenersatz verpflichtet. Gegen Fuhrleute und Führer von Viehtransporten, welche den Vorschriften dieser Polizei-Verordnung entgegen handeln, wird, wenn sie über Namen, Stand und Wohnsitz im Inlande sich nicht auszuweisen vermögen, zur Pfändung geschritten. —

§ 63. Uebertretungen der vorstehenden Vorschriften durch die Brückenbeamten werden im Disziplinarwege geahndet.

§ 64. Diese Verordnung tritt mit dem Tage in Kraft, an welchem die Schiffbrücke das erstemal aufgefahren wird, worüber besondere Bekanntmachung erfolgt.

Köln, den 31. März 1888.

Königliche Regierung.

Tarif,
nach welchem das Brückengeld für den Uebergang über die Rheinschiffbrücke bei Mülheim a./Rh. zu erheben ist.

A. Es wird entrichtet:

I. für jeden **Fußgänger** mit oder ohne Last . . . . 4 Pfg.

Anmerkung:
1. Kleine Kinder, welche auf dem Arme getragen werden, sind vom Brückengelde frei, im Uebrigen bezahlen Kinder wie Erwachsene.
2. Ferner ist brückengeldfrei, wer zu einem Fuhrwerk gehört, wofür die Abgabe zu IIIa oder b bezahlt wird, oder Thiere, wofür die Abgabe zu IIa oder b entrichtet wird, reitet, führt oder treibt.

II. für **Thiere**,
  a. für ein Pferd, Maulthier oder einen Maulesel . . 15 Pfg.
  b. für ein Stück Rindvieh oder einen Esel . . . . . . 10 Pfg.
  und für eine Ziege, ein Fohlen, Kalb, Schaf, Schwein oder anderes kleines Vieh, welches frei geführt oder getrieben wird 3 Pfg.

Anmerkung:
1. Bei gleichzeitigem Transport mehrerer zusammengehöriger Stücke (kleinen Viehes) wird nur für das bei einer Theilung durch 2 etwa überschießende Stück dieser Satz, im übrigen aber für je zwei Stück der Satz von 5 Pfg. entrichtet.
2. Für Thiere, welche auf einem Fuhrwerke oder in einem Tragekorbe über die Brücke gebracht werden, wird keine besondere Abgabe entrichtet.

III. für **Fuhrwerke**,
  a. für ein beladenes, d. h. für ein solches, worauf sich außer dem Führer noch andere Personen oder außer dem Zubehör und Futter für höchstens 3 Tage an anderen Gegenständen mehr als 2 Centner befinden . . . . 30 Pfg.
  b. für ein unbeladenes . . . . 15 Pfg.
  c. für einen Handwagen, Handkarren oder Handschlitten, beladen oder unbeladen . . . . 3 Pfg.

Anmerkung:
1. Neben den Sätzen zu IIIa und b wird die Abgabe für das Gespann zu II, neben dem Satze zu IIIc die Abgabe zu I erhoben.
2. Fuhrwerke, deren Radbeschläge hervorragende Kopfnägel, Stifte oder Schrauben haben, zahlen die Abgabe zu III doppelt.

B. Es wird kein Brückengeld erhoben:

1. von Equipagen und Thieren, welche den Hofhaltungen des Königlichen Hauses oder den Königlichen Gestüten angehören,

2. von fremden Souverainen und Mitgliedern regierender Häuser, deren Gefolge, Equipagen und Thieren,

3. von Militär- und von Armeefuhrwerken nach folgenden näheren Bestimmungen:

a. vom Militär aller Grade und von Militärbeamten in Uniform zu Fuß oder zu Pferde; im letzteren Falle bleibt auch die Bedienung frei;

b. von nicht uniformirten Militär-Beamten auf die Bescheinigung der vorgesetzten Behörde, daß der Uebergang in Dienstangelegenheiten geschehe;

c. von Kriegs-Reservisten, Landwehrmännern und Rekruten auf dem Wege zu ihrem Korps oder zur Uebung, und von da zurück, wenn ein Unteroffizier oder Offizier in Uniform sie führt, oder wenn sie sich durch die Einberufungs-Ordre oder den Kriegsreservepaß ausweisen;

d. vom Fuhrwerke, dessen sich der Gouverneur von Köln oder ein zum Festungsstabe daselbst gehöriger Offizier in Uniform bedient, ohne Rücksicht, ob das Fuhrwerk ihm gehört oder nicht; von anderem Fuhrwerke, worin sich ein preußischer Offizier in Uniform befindet, sofern dasselbe diesem gehört;

Brückengeldpflichtige Personen, welche das einem solchen Offizier gehörige Fuhrwerk gleichzeitig mitbenutzen, haben das tarifmäßige Personengeld zu entrichten.

e. von Fuhrwerken, welche der Armee angehören, auch bei fremdem Angespann, von Zugthieren, welche der Armee angehören, auch wenn diese vor fremde Fuhrwerke gespannt sind;

f. von Fuhrwerken, welche Militärpersonen oder der Armee angehören, oder zu liefernde Gegenstände befördern, sofern dieselben von einem durch die Ordre der zuständigen Behörde dazu angewiesenen Unteroffizier oder Armeebeamten gleichen oder höheren Ranges begleitet werden;

g. von Kriegsvorspann auf Vorzeigung des Fuhrbefehls oder der Bescheinigung der Ortsbehörde auf der Hin- und Rückreise;

h. von Fuhrwerken, welche Fourage zur Fütterung von Dienstpferden des Militärs aus dem Magazin holen;

i. von Dienstpferden des Militärs, die zum Beschlagen oder zur Reitbahn geführt werden oder daher kommen;

4. von Königlichen oder Reichs-Civilbeamten, deren Fuhrwerken und Thieren bei Dienstreisen, sofern sie sich durch Freikarten ausweisen; von Steuer- und Polizei-Beamten in Uniform, ohne besondere Legitimation;

5. von Fuhrwerken und Thieren, mittelst deren Transporte für unmittelbare Rechnung des Staats geschehen;

6. von Postwagen und Postpferden;

7. von Personen, Thieren und Fuhrwerken, welche bei Feuersbrünsten Wasserfluthen und ähnlichen Nothständen zu Hülfe eilen;

8. von Civil-Gefangenen und deren Begleitung;

9. von Zöglingen öffentlicher mildthätiger Anstalten, sofern sie von einem Lehrer oder Vorsteher geführt werden, und von diesen selbst;

10. von Geistlichen und dem sie begleitenden Kirchendiener, welche behufs Verrichtung kirchlicher Amtshandlungen in Amtstracht die Brücke benutzen;

11. von den in Dienstangelegenheiten die Brücke betretenden Beamten der Stadt Mülheim a./Rh.

12. Von Pferden und deren Führern auf dem Wege zu und von den Musterungen und Aushebungen, sofern die Pferde frei geführt, oder geritten werden und nicht einem Fuhrwerke vorgespannt sind. (Reggs.-Verfg. v. 5. Mai 1893 Nr. 10145.)

C. Allgemeine Bestimmungen:

1. Die Sätze zu A sind bei jedem Wasserstande, ohne Rücksicht auf dessen Höhe, zu entrichten.

2. Wer es unternimmt, die Entrichtung des tarifmäßigen Brückengeldes auf irgend eine Weise zu umgehen, erlegt, außer dem vorenthaltenen Abgaben-Betrage das Vierfache desselben, mindestens aber drei Mark als Strafe.

Köln, den 31. März 1888.

Königliche Regierung.

Bekanntmachung
betr. die Rheinschiffbrücke bei Mülheim am Rhein.

Nachdem mit dem Auffahren der Rheinschiffbrücke bei Mülheim am Rhein begonnen worden, bringen wir hiermit zur öffentlichen Kenntniß, daß die in unserem Amtsblatt Stück 15, Nr. 187 veröffentlichte Verordnung in Betreff der gedachten Schiffbrücke vom 31. März d. Js. mit dem heutigen Tage in Kraft tritt.

Köln, den 7. Mai 1888.

Königliche Regierung.

Für die Richtigkeit:
Mülheim am Rhein, den 18. Mai 1888.

Der Bürgermeister,
Steinkopf.

Berlin, den 26. Septbr. 1892.

Auf Ew. Hochwohlgeboren Bericht vom 12ten vor. Mts. bestimme ich im Einverständniß mit dem Herrn Minister der öffentlichen Arbeiten, daß im Sinne des Fährgeldtarifs vom 7. November 1885 ein Fuhrwerk dann als beladen anzusehen ist, wenn sich auf demselben außer dem Zubehör und dem Futter für höchstens 3 Tage an anderen Gegenständen mehr als 100 Kg. befinden.

Der Finanz-Minister.

J. A. (gez.) Schomer.

An die Provinzial-Steuer-Direktion zu Köln.

Fremden-, Gesinde- und Paß-Polizei.

Polizei-Verordnung.

Auf Grund der §§ 5 und 6 des Gesetzes über die Polizei-Verwaltung vom 11. März d. J. wird für die Bürgermeisterei Mülheim Folgendes verordnet:

§ 1. Alle Fremden, — alle Personen, welche zu dieser Gemeinde nicht gehören, — müssen, wenn sie einen auch nur vorübergehenden Aufenthalt hier nehmen wollen, mit Vorlegung ihrer Legitimationen beim Bürgermeisteramte angemeldet werden. Dies bezieht sich insbesondere auf Dienstboten, Tagelöhner, Handwerksgesellen, Lehrlinge und Gewerbsgehülfen aller Art.

§ 2. Diejenigen Gemeinde-Eingesessenen, welche derartigen Fremden Wohnung oder Beköstigung gewähren, sind verantwortlich dafür, daß jene Anmeldung in den nächsten drei Tagen geschehe, und es verfallen dieselben, wenn sie solche verabsäumen möchten, in eine Geldbuße von 1 bis 3 Thaler.

§ 3. Die über die Fremdenbeherbergung in den Gasthäusern bestehenden Vorschriften werden durch gegenwärtige Verordnung nicht berührt. Ebenso hat über dauernde Veränderungen des Domizils das allgemeine Gesetz vom 31. Dezember 1842 schon verfügt.

Mülheim a/Rh., den 10. October 1850.

Der Bürgermeister,
gez. Bau.

Polizei-Verordnung.

Auf Grund des § 143 des Gesetzes über die allgemeine Landesverwaltung vom 30. Juli 1883 und der §§ 5 und 6 des Gesetzes über die Polizei-Verwaltung vom 11. März 1850 wird mit Zustimmung des Gemeindevorstandes der Stadt Mülheim am Rhein für den Bezirk der letzteren, hierdurch nachstehende Polizei-Verordnung erlassen:

§ 1. Wer im Bezirke der Stadtgemeinde Mülheim am Rhein seine Wohnung verändert, ist verpflichtet, solches binnen drei Tagen nach der Wohnungsveränderung unter Vorlegung der bei der Anmeldung ertheilten Anmeldebescheinigung auf dem Polizei-Amte hierselbst persönlich oder schriftlich anzumelden.

§ 2. Die schriftliche oder mündliche An- u. Abmeldung muß enthalten: Vor- und Zunamen, Stand oder Gewerbe, Jahr, Tag und Ort der Geburt des zur Meldung Verpflichteten und seiner Angehörigen, Dienstboten u. s. w.; bei verheiratheten Frauen und Wittwen auch deren Familiennamen, desgleichen die Straße und Nummer der Häuser, in welchen die verlassene und die an deren Stelle bezogene Wohnung sich befinden. Unvollständige Meldungen sind nach der von dem Polizei-Amte zu ertheilenden Vorschrift zu vervollständigen.

§ 3. Zu den im § 1 und 2 vorgeschriebenen Meldungen sind auch Diejenigen, welche die betreffenden Personen als Miether, Dienstboten ober in sonstiger Weise aufgenommen haben, innerhalb sieben Tagen nach dem Anzuge verpflichtet, sofern sie sich nicht durch Einsicht der bezüglichen polizeilichen Bescheinigung von der bereits erfolgten Meldung Ueberzeugung verschafft haben.

§ 4. Zuwiderhandlungen gegen die in den §§ 1—3 enthaltenen Vorschriften werden mit einer Geldstrafe von 1 Mark bis zu 9 Mark und im Zahlungsunvermögensfalle mit verhältnißmäßiger Haftstrafe bestraft.

Diese Polizei-Verordnung tritt sofort nach erfolgter Veröffentlichung in Kraft und verliert alsdann die denselben Gegenstand betreffende Polizei-Verordnung vom 28. Mai 1872 ihre Gültigkeit.

Mülheim am Rhein, den 28. März 1893.

Die Polizei-Verwaltung:
Der Bürgermeister: Steinkopf.

Gewerbe-Polizei.

Polizei-Verordnung
über das Droschken-Fuhrwerk in der Stadt Mülheim am Rhein.

Auf Grund der §§ 37 und 76 der Bundes-Gewerbe-Ordnung vom 21. Juni 1869 und auf Grund der §§ 5 und 6 des Gesetzes über die Polizei-Verwaltung vom 11. März 1850 wird in Bezug auf das Droschkenfuhrwerk in der Stadt Mülheim am Rhein von dem unterzeichneten Bürgermeister der Stadtgemeinde Mülheim am Rhein für den Umfang der vorgedachten Stadtgemeinde unter Aufhebung der Verordnung vom 1. November 1865 hierdurch nachstehende Polizei-Verordnung erlassen.

A. Erlaubniß für die Fuhrwerks-Unternehmer.

§ 1. Wer das Droschkenfuhrwerk gewerbsmäßig betreiben will, bedarf dazu einer auf seine Person lautenden polizeilichen Erlaubniß, in welcher die Anzahl und die Nummern der zu stellenden Droschken aufzuführen sind.

Eine Uebertragung dieser Erlaubniß auf Andere ohne polizeiliche Genehmigung ist unzulässig.

§ 2. Die Erlaubniß wird verweigert, wenn nach dem Urtheile der Polizeibehörde durch Ertheilung derselben eine über das Bedürfniß hinausgehende Vermehrung der Droschken eintreten würde, wenn der Nachsuchende nicht unbescholten und nicht in dem Besitze der zum nachhaltigen, ordnungsmäßigen Betriebe des Gewerbes erforderlichen Mittel ist.

B. Fahr-Erlaubniß für die Droschkenkutscher.

§ 3. Niemand darf die Führung einer Droschke übernehmen, ohne sich im Besitze eines auf seinen Namen von der Polizeibehörde ausgestellten Fahr-Erlaubnißscheines zu befinden.

§ 4. Der Fahr-Erlaubnißschein wird nur solchen Personen ertheilt, welche

    a) mindestens 18 Jahre alt, unbescholten, nüchtern, körperlich kräftig, und frei von in die Augen fallenden Gebrechen,

    b) nach dem Ergebnisse einer mit ihnen vorzunehmenden Prüfung im Fahren geübt, ortskundig und mit dem Inhalt dieser Verordnung bekannt sind.

C. Beschaffenheit der Droschken.

§ 5. Die aufzustellenden Droschken müssen solide gebaut und so beschaffen sein, daß im Innern vier Personen bequem Platz finden. Die Geschirre müssen dauerhaft und reinlich, die Pferde diensttüchtig und ohne auffällige Mängel sein.

Ueberhaupt ist in Betreff der Beschaffenheit der Wagen wie der Geschirre und Pferde den Anforderungen der Polizeibehörde in jedem einzelnen Falle pünktlich nachzukommen.

§ 6. Jede Droschke muß mit der in der Erlaubniß angegebenen Nummer an beiden Seiten und an der Rückseite des Wagenkastens in zehn Centimeter hohen Ziffern von schwarzer Oelfarbe auf weißem Grunde und außerdem in gleich hohen Ziffern auf beiden Wagenlaternen bezeichnet sein. Ueber den Nummernziffern des Wagenkastens ist außerdem in den gleichen Farben und mit vier Centimeter hohen Buchstaben der Ortsname „Mülheim" anzubringen.

In jeder Droschke muß ferner der Droschken-Tarif innerhalb des Wagens an der vorderen Seite dauerhaft befestigt sein. Größe und Form des Tarifs werden den Droschkenbesitzern von der Polizei-Behörde angegeben.

Droschken, welche den vorstehenden Anforderungen nicht entsprechen, sind durch die Polizei-Beamten ohne Weiteres von den Straßen und Plätzen zu entfernen.

D. Pflichten der Unternehmer.

§ 7. Der Unternehmer hat dem mit der Controle des Droschken-Fuhrwesens beauftragten Polizeibeamten (§ 34)

a) von jeder Annahme und Entlassung eines Kutschers,

b) von jeder Veränderung seiner Wohnung, der Stallung der Pferde und des Ortes, wo die Wagen aufbewahrt werden, binnen 24 Stunden Anzeige zu machen und demselben

c) jede Droschke, bevor sie in Fahrt gesetzt wird und außerdem in den Revisionsterminen vorzustellen, welche er periodisch anberaumen wird.

§ 8. Die Unternehmer dürfen ihre Droschken zur Aufnahme von Fahrgästen nur an denjenigen Orten aufstellen oder aufstellen lassen, welche von der Polizei-Behörde dazu bestimmt sind.

Im Sommer müssen sämmtliche Droschken um 7 Uhr, im Winter um 8 Uhr Morgens auf den angewiesenen Halteplätzen aufgefahren sein und sind die Besitzer resp. Kutscher verpflichtet, bis 10 Uhr Abends daselbst zu halten.

Die Fuhrunternehmer sind solidarisch verpflichtet, die betreffenden Aufstellungsplätze täglich und zwar im Sommer in der Zeit von 6 bis 7, im Winter in der Zeit von 7 bis 8 Uhr Morgens zu reinigen oder reinigen zu lassen, mit Ausnahme der Sonn- und Feiertage, wo das Reinigen der Aufstellungsplätze am Vorabende geschehen und mit einbrechender Dunkelheit beendigt sein muß.

§ 9.
Bekleidung der Kutscher.

Jeder Kutscher ist verpflichtet, während er die Droschke fährt, den von der Polizei-Behörde vorgeschriebenen Anzug zu tragen, auch eine richtig gehende Taschenuhr bei sich zu führen.

Der Anzug besteht aus dunklem Rock, sowie aus einem schwarz lackirten oder mit schwarzem Wachstuche überzogenen, vorn mit der Nummer des Wagens versehenen Hute, dunkler Tuchhose und schwarzlederner Fuß= bekleidung.

Der Hut darf die halbe Höhe eines gewöhnlichen Cylinderhutes nicht überschreiten; die Nummer, mit weißer Oelfarbe aufgetragen, muß fünf Centimeter hoch sein. Im Winter oder bei Regenwetter kann auch ein Mantel getragen werden; derselbe muß von dunklem Tuch gefertigt sein. Der Anzug muß stets anständig und reinlich gehalten werden.

So lange der Kutscher in Funktion ist, hat er auch ein Exemplar dieser Polizei-Verordnung, sowie seinen Fahr-Erlaubnißschein bei sich zu führen und den Polizei-Beamten auf Erfordern jeder Zeit vorzuzeigen.

§ 10.
Verhalten gegen das Publikum.

Die Kutscher sind verpflichtet, auf Erfordern die nach dieser Ver= ordnung zulässigen Fahrten unweigerlich und sofort auszuführen. Während der Dienstzeit haben sie sich stets nüchtern zu erhalten und sich eines ruhigen und höflichen Betragens gegen das Publikum, insbesondere gegen ihre Fahrgäste, zu befleißigen.

Auch haben sie den Letzteren die gegenwärtige Verordnung auf Er= fordern vorzulegen und danach die Preisforderung näher zu begründen. Zur Benutzung des Fuhrwerkes aufzufordern, dasselbe anzupreisen oder Fahrgäste anzuwerben, ist untersagt.

§ 11.
Verhalten auf den Halteplätzen.

Auf den Halteplätzen sind die später eintreffenden Droschken unmittel= bar hinter oder rechts neben den bereits aufgestellten derart aufzufahren, daß jede Droschke ohne Hinderniß abfahren kann. Ob die Droschken neben oder hinter einander aufzustellen sind, bestimmt für jeden einzelnen Stand= platz die Polizeibehörde.

Kein Kutscher darf seinen Wagen verlassen oder sich in denselben hineinsetzen. In sofern er die Droschke auf kurze Zeit zu verlassen ge= nöthigt ist, muß er die Aufsicht über dieselbe einer erwachsenen, zuverlässigen Person übertragen. Der Eintritt in Schenklokale sowie das den Verkehr hemmende Zusammentreten der Kutscher auf den Straßen oder Plätzen ist verboten.

§ 12.
Fahren auf die Halteplätze.

Hat ein Kutscher Fahrgäste abgesetzt, so hat er sich im Trabe und ohne Aufenthalt, falls er nicht unterwegs zu einer Fahrt aufgefordert wird, auf den nächsten, noch nicht vollständig besetzten Halteplatz zu begeben.

Eine Ausnahme hiervon machen jedoch diejenigen Droschken, welche zum Bahnhofsdienste bestimmt sind.

Diese Droschken haben sich auf dem nächsten Wege nach den ihnen dort angewiesenen Halteplätzen zu begeben. Das Umherfahren in den Straßen, um Fahrgäste aufzusuchen, ist nicht gestattet.

§ 13.
Das Füttern und Tränken der Droschkenpferde.

Das Tränken und Füttern der Pferde während der Betriebszeit ist nur auf den Halteplätzen und letzteres nur aus über den Kopf gehängten Beuteln oder Gefäßen gestattet. Dazu darf nur das Gebiß aus dem Maule des Pferdes genommen werden; im Uebrigen darf die Bespannung, so lange sie im Betriebe auf der Straße ist, weder abgeschirrt, noch der Wagen in einen Zustand versetzt werden, der seinen augenblicklichen Gebrauch verhindert.

§ 14.
Der auf den Halteplätzen als der erste in der Reihenfolge oder auf dem linken Flügel haltende Kutscher darf weder tränken noch füttern, sondern muß auf dem Bocke sitzen und zur Abfahrt bereit sein.

§ 15.
Vorrang unter den Droschken auf den Halteplätzen.

Fordert ein Fahrgast eine Droschke, ohne eine bestimmte zu bezeichnen, so gilt dies der vordersten, oder, wenn die Droschken neben einander stehen, der auf dem linken Flügel stehenden, und hat diese die Verpflichtung, die Fahrt auszuführen. Im Uebrigen kann jeder Fahrgast diejenige Droschke wählen, welche ihm gefällt.

§ 16.
Verhalten bestellter Droschken.

Sobald eine Droschke gemiethet resp. bestellt ist, ohne daß der Fahrgast sie besteigt und die Fahrt antritt, muß der Kutscher sofort den Halteplatz, wenn er bei der Bestellung auf einem solchen gehalten hat, verlassen und sich an den vom Fahrgaste zu seiner Aufnahme zu bestimmenden Ort verfügen.

Auf den polizeilich bestimmten Halteplätzen darf kein Kutscher die Fahrt unter dem Vorgeben, daß er bereits Bestellung angenommen habe, verweigern.

§ 17.
Zahl der aufzunehmenden Fahrgäste.

Der Kutscher ist nicht verpflichtet, in 4sitzige Droschken mehr als vier Personen aufzunehmen.

§ 18. Ohne Genehmigung eines Fahrgastes, welcher den Wagen bereits genommen hat, darf der Droschkenkutscher andere Personen nicht in denselben aufnehmen.

§ 19.
Vorrang unter den Fahrgästen.

Von mehreren Fahrgästen hat derjenige, welcher die Droschke zuerst bestieg, den Vorrang. Im Zweifel geht derjenige Fahrgast vor, welcher von der rechten Seite eingestiegen ist.

§ 20.
Wer als Fahrgast zuzulassen ist.

Jede reinlich gekleidete Person ist als Fahrgast zuzulassen. Betrunkenen Personen kann die Fahrt verweigert werden. Zum Transport von Personen, welche mit ansteckenden Krankheiten behaftet sind, dürfen die Droschken nicht hergegeben werden.

§ 21.
Transport von Sachen in Droschken.

Zur Fortschaffung von Sachen ohne Begleitung eines Fahrgastes dürfen Droschken nicht benutzt werden. Handkoffer, Taschen und ähnliche den Wagenausschlag nicht beschädigende Effecten können im Innern der Droschken, andere Gegenstände müssen auf dem Bock oder dem Oberdeck untergebracht werden. Gegenstände, die Schmutz oder Abgang hinterlassen, dürfen nicht auf die Sitzkissen gestellt oder gelegt werden. Diese Bestimmungen finden auch auf Thiere, welche in Droschken mitgenommen werden sollen, Anwendung.

§ 22.
Fahrgeld, Höhe desselben.

Das Fahrgeld ist nach dem dieser Verordnung angehängten Tarife zu entrichten.

Ueber die Tarifbestimmungen hinaus darf keine Zahlung von den Kutschern, unter welchem Vorwande es auch sei, gefordert werden.

Trinkgelder zu verlangen ist den Kutschern verboten.

Chaussee-, Brücken- und Wegegeld fällt, wo dergleichen erhoben wird, dem Fahrgaste zur Last.

§ 23.
Zeit der Berichtigung.

Der Kutscher ist berechtigt, von dem Fahrgaste sofort beim Einsteigen in den Wagen das tarifmäßige Fahrgeld zu verlangen.

§ 24.
Zurückerstattung des Fahrgeldes.

Wird die eben begonnene Fahrt, wofür vom Fahrgaste das Fahrgeld bereits gezahlt worden ist, durch die Schuld des Kutschers, oder durch einen in seiner Person sich ereignenden Zufall, oder durch Beschädigung des Fuhrwerks unterbrochen, so hat der Kutscher das erhaltene Fahrgeld zurückzuerstatten.

§ 25.
Verhalten während der Fahrt.

Die Fahrt muß ohne Unterbrechung und im Trabe geschehen. Ohne Anweisung des Fahrgastes darf der Kutscher, wenn nicht besondere außer seiner Person liegende Veranlassung vorhanden ist, weder Schritt fahren, noch anhalten, noch vom Bock steigen, noch die Zügel aus den Händen lassen, noch die Führung seines Fuhrwerks anderen Personen übertragen.

§ 26. Der Kutscher muß bis zu dem Bestimmungsorte, welchen der Fahrgast ihm angegeben hat, fahren und darf denselben bei verlangter Fahrt nach einem bestimmten Gasthofe oder Geschäftslokale nicht nach einem andern ähnlichen Etablissement fahren.

§ 27. Das Rauchen während der Fahrt ist den Kutschern untersagt, die Droschke mag mit Fahrgästen besetzt sein oder nicht.

§ 28.
Das Warten der Kutscher bei bestellten Fahrten.

Kutscher, welche bestellt werden, vom Halteplatze aus einen Fahrgast vom Hause abzuholen, müssen 10 Minuten lang — die Zeit der Fahrt von dem Halteplatze nach dem Hause mit eingerechnet — unentgeltlich warten. Dauert das Warten länger, so sind sie berechtigt, von dem Fahrgaste die Zahlung des Fahrgeldes nach der Zeit berechnet zu verlangen, wobei alsdann die Zeit des Abholens und Wartens mit in Anrechnung zu bringen ist.

§ 29.
Abholen von Fahrgästen.

Wird ein Kutscher am Abend zu einer Fahrt für die Nacht — d. h. für eine Zeit nach 10 Uhr Abends — oder für den folgenden Morgen bestellt, so ist er verpflichtet, die Fahrt anzunehmen und gegen die tarifmäßige Bezahlung auszuführen.

§ 30.
Bestellte Droschken, welche nicht zur Fahrt kommen.

Kommt eine zum Abholen bestellte Droschke durch eine in der Person des Fahrgastes sich ereignende Veranlassung nicht zur Fahrt, so kann der Kutscher als Vergütung das für eine einfache Fahrt bestimmte Fahrgeld fordern.

§ 31.
Aufsicht der Kutscher über die Effecten des Fahrgastes.

Der Kutscher ist verpflichtet, während der Fahrt auf die ihm übergebenen Sachen des Fahrgastes Acht zu geben und jedem Verluste daran, soweit es ihm möglich, vorzubeugen.

§ 32.
Gefundene Sachen.

Nach dem Aussteigen des Fahrgastes hat der Kutscher sogleich nachzusehen, ob etwa Sachen desselben in dem Wagen liegen geblieben sind. Findet er dergleichen, so hat er, sofern dies noch ausführbar ist, dieselben sofort dem Fahrgaste auszuhändigen. Hat sich der Letztere schon entfernt, so muß der Kutscher die gefundenen Sachen spätestens bis zum nächsten Morgen 9 Uhr an die Polizeibehörde abliefern.

§ 33.
Zeitfahrten und Fahrten über Land.

Zeitfahrten sind solche, bei deren Antritt der Fahrgast erklärt, daß er nach der Zeit fahren wolle. Fahrten über Land sind solche, welche über den Stadtbezirk und dessen nächste Umgebung hinausgehen. Ist das Ziel einer solchen Fahrt auf dem Tarif nicht angegeben, so bleibt der Fahrpreis freier Vereinbarung überlassen.

Bei dem Antritt einer jeden Zeitfahrt muß der Kutscher dem Fahrgast seine Uhr vorzeigen.

§ 34.
Aufsicht.

Die Handhabung dieser Verordnung, behufs der Beaufsichtigung und Controle der Eigenthümer und der Führer der Droschken, namentlich auch die Schlichtung der Streitigkeiten zwischen den Kutschern und dem Publikum, die Prüfung und Erledigung der Beschwerden des letzteren ꝛc. liegt den Executiv-Polizeibeamten ob.

Mit der speciellen Beaufsichtigung des Droschkenwesens ist der Polizei-Commissar von Mülheim beauftragt.

Derselbe wird von Zeit zu Zeit Revisionen der Gespanne und der Droschken abhalten, und ist ebenso befugt als verpflichtet, auf sofortige

Abhülfe wahrgenommener Mängel zu bringen und den Umständen nach Fuhrwerke augenblicklich außer Betrieb zu setzen.

Strafbestimmungen.

§ 35. Jede Zuwiderhandlung gegen die Bestimmungen dieser Polizei-Verordnung soll, sofern nicht nach allgemeinen Strafgesetzen höhere Strafen verwirkt sind, mit einer Geldbuße bis zu drei Thalern und im Falle der Zahlungsunfähigkeit mit verhältnißmäßiger Haft bestraft werden.

§ 36. Ein Kutscher wird vom Droschkenfuhrdienste entfernt und event. nicht wieder zugelassen:
a) wenn er den von der Polizeibehörde gestellten Anforderungen nicht mehr genügt (§ 4);
b) wenn er wiederholt wegen Contraventionen gegen diese Polizei-Verordnung bestraft worden und demnach anzunehmen ist, daß er durch die Bestrafung zu einem ordnungsmäßigen Verhalten sich nicht bestimmen läßt;
c) wenn er die Ablieferung der von einem Fahrgaste im Wagen vergessenen Sachen in fahrlässiger Weise wiederholt unterlassen hat, vorbehaltlich des Strafverfahrens, sofern eine betrügerische Unterschlagung anzunehmen ist.

§ 37.
Tarif.

Der dieser Polizei-Verordnung angehängte Tarif, dessen Revision von Zeit zu Zeit vorbehalten wird, gilt in allen seinen Bestimmungen als wesentlicher Theil derselben.

§ 38.

Gegenwärtige Polizei-Verordnung, welche an dem hiesigen Gemeindehause angeschlagen ist und solches acht Tage lang bleiben wird, tritt sofort mit der Publikation in Kraft.

Mülheim am Rhein, den 1. Mai 1873.

Der Bürgermeister: B l i n.

Tarif für die Droschken der Stadt Mülheim am Rhein.

	1—2 Personen. Sgr.	3—4 Personen. Sgr.
A. Tourfahrten:		
1) Fahrten von und nach einem Punkte der Stadt Mülheim am Rhein	7½	10
2) Fahrten von Mülheim am Rhein nach Höhenhaus	10	10
3) Fahrten von Mülheim am Rhein nach Deutz	10	15
4) Fahrten von Mülheim am Rhein nach Kalk oder Höhenberg	20	25
5) Fahrten von Mülheim am Rhein nach Cöln innerhalb der Ringmauer	20	25
B. Zeitfahrten:		
a) für eine halbe Stunde	7½	10
b) für eine ganze Stunde	15	20

(Jede angefangene halbe Stunde wird für voll bezahlt.)

C. **Nachtfahrten.** Außer der im § 8 vorgeschriebenen Zeit (im Sommer von 7 Uhr Morgens bis 10 Uhr Abends, im Winter von 8 Uhr Morgens bis 10 Uhr Abends) sind die noch auf dem Halteplatze stehenden Droschken verpflichtet, gegen das Doppelte der festgesetzten Taxe zu fahren. Ueberhaupt treten bei Fahrten in der Nacht, d. h. von 10 Uhr Abends bis 7 Uhr resp. 8 Uhr Morgens, überall die doppelten Tarifsätze ein. Vor 10 Uhr Abends begonnene Tourfahrten müssen zum Tagespreise ausgefahren werden.

D. **Für Kinder,** welche auf dem Arme getragen werden, wie für ein Kind unter 10 Jahren in Begleitung einer erwachsenen Person wird nichts gezahlt; zwei solcher Kinder gelten einer, drei oder vier aber zwei erwachsenen Personen gleich.

E. **Für Gepäck** ist für das erste Stück 2½ Sgr., für jedes weitere Stück 1 Sgr. zu zahlen. Sogenanntes Handgepäck wird unentgeltlich im Wagen befördert.

F. **Allenfallsiges Brücken- und Chausseegeld** ist neben den vorstehenden Taxen stets vom Fahrgaste zu entrichten.

Mülheim am Rhein, den 1 Mai 1873.

Der Bürgermeister: Blin.

Verordnung,

betreffend die Erhebung von Armen-Abgaben für öffentliche Lustbarkeiten.

Auf Grund des § 5 des Gesetzes über die Polizei-Verwaltung vom 11. März 1850 und der Schlußbestimmung des Gesetzes über den Unterstützungswohnsitz vom 6. Juni 1870 betreffend, sowie des § 49 II der Städte-Ordnung für die Rheinprovinz vom 15. Mai 1856 wird unter Zustimmung der Stadtverordneten-Versammlung und mit Genehmigung der Königlichen Regierung zu Köln für den Umfang der Stadtbürgermeisterei Mülheim am Rhein in Betreff der Erhebung einer Armen-Abgabe von öffentlichen Lustbarkeiten unter Aufhebung der desfallsigen Verordnungen vom 20. Januar 1880 und beziehungsweise vom 16. März resp. 29. April 1877 die nachfolgende Verordnung erlassen:

§ 1. Für öffentliche Lustbarkeiten haben nach erhaltener polizeilicher Erlaubniß die Wirthe und sonstigen Inhaber öffentlicher Lokale oder die Veranstalter und Unternehmer der qu. Lustbarkeiten vor Abhaltung derselben eine Abgabe an die städtische Armenkasse zu zahlen und zwar:

a) Für einen Ball oder eine öffentliche Tanzbelustigung 10 Mark.
b) Für die Abhaltung von musikalischen und declamatorischen Vorträgen (sogenannte Tingel-Tangel) und dergleichen Vergnügungen, mögen dieselben auch nur mittelst eines Claviers, einer Harmonika oder eines ähnlichen Instrumentes stattfinden, für jeden Tag . 6 „
c) Für eine Theater- oder Circus-Vorstellung und eine sonstige öffentliche Schaustellung, wie z. B. von Panoramas, Carousells, Schießbuden, Wachsfiguren-Cabinetten, mechanischen Bühnen x. täglich . . . 3 „
d) Für ein Concert . . . . 3 „

§ 2. Als öffentliche Lustbarkeiten sind auch diejenigen zu betrachten, welche von Privat= oder sogenannten geschlossenen Gesellschaften gegen Erhebung eines besonderen Eintritts= oder Tanzgeldes veranstaltet werden, sofern auch Nichtmitglieder Zutritt haben.

Die diesem entgegenstehende Bestimmung in § 5 der diesseitigen Polizei=Verordnung vom 20. Mai 1871 wird hiermit aufgehoben.

§ 3. Jeder, welcher nach dieser Verordnung zur Entrichtung einer Abgabe verbunden ist, hat von der zu veranstaltenden Lustbarkeit oder Schaustellung vor dem Beginne derselben auf dem Bürgermeister=Amte Anzeige zu machen und die festgestellte Armenabgabe an die städtische Armenkasse zu zahlen.

§ 4. Wer diese Anzeige unterläßt oder wer die festgestellte Armen=abgabe nicht rechtzeitig an die städtische Armenkasse zahlt, verfällt, unbeschadet der Verpflichtung zur Nachzahlung derselben, in eine Geldstrafe von 3 bis 30 Mark, an deren Stelle im Unvermögensfalle verhältnißmäßige Haft tritt.

§ 5. Diese Verordnung findet auch auf solche öffentliche Lokale Anwendung, deren Inhaber die Concession als Schauspiel=Unternehmer erlangt haben.

§ 6. Die für das öffentliche Tragen einer Maske zur Carnevalszeit bestehende Abgabe von 25 Reichspfennig wird gemäß den hierauf bezüglichen Verordnungen auch fernerhin erhoben.

§ 7. Am Königs=Geburtstage und am Sedanfesttage sind alle öffentlichen Lustbarkeiten abgabefrei.

§ 8. Die polizeilichen Vorschriften über Gestattung von öffentlichen Lustbarkeiten werden durch gegenwärtige Verordnung, welche nach erfolgter Bekanntmachung sofort in Kraft tritt, nicht berührt.

Mülheim am Rhein, den 4. Mai 1881.

Der Bürgermeister: Steinkopf.

Polizei-Verordnung

betr. die Benutzung der städtischen Waagen.

Auf Grund der §§ 5 und 6 des Gesetzes über die Polizei=Verwaltung vom 11. März 1850 und in Gemäßheit des § 143 des Gesetzes über über die allgemeine Landesverwaltung vom 30. Juli 1883 wird hierdurch mit Zustimmung des Gemeindevorstandes und nach Anhörung der Stadtverordneten=Versammlung über die Benutzung der öffentlichen städtischen Waagen innerhalb der hiesigen Stadtgemeinde Folgendes verordnet.

§ 1. Die zum Verwiegen bestimmten Gegenstände dürfen nur nach Anweisung des Wiegemeisters in der Nähe der Waage niedergelegt oder aufgestellt werden. Sie werden in der Reihenfolge, in welcher sie dem Wiegemeister übergeben oder angemeldet werden, auf dessen Anweisung auf die Waage gebracht, von derselben heruntergeschafft und aus deren Bereich entfernt werden.

§ 2. Innerhalb einer Entfernung von 10 Metern darf bei der Centisimal=Brückenwaage kein Fuhrwerk ohne Genehmigung des Wiege=meisters halten. Soll Fuhrwerk bei einem in der Nähe der Waage gelegenen Hause beladen oder entladen und deßhalb derselben näher als 10 Meter aufgestellt werden, so hat der Fuhrmann sich bei dem Wiegemeister zu melden, dessen Anweisung hinsichtlich der Aufstellung des Fuhrwerks zu befolgen und den Aufenthalt auf die zum Beladen oder Entladen nothwendige Zeit zu beschränken.

§ 3. Auf der Waage muß zweirädriges Fuhrwerk so gestellt werden, daß beide Räder und die Ruhestelze, vierrädriges aber so, daß alle vier Räder auf der Waage stehen.

§ 4. Die gewogenen Gegenstände dürfen vor vollständiger Entrichtung der Wiegegebühren von der Waage nicht entfernt werden.

§ 5. Das unbefugte Begehen, Befahren oder Belasten der Waage ist untersagt. Auch wer bei der Waage Geschäfte hat, muß seinen Aufenthalt bei derselben auf die nothwendigsten Verrichtungen beschränken, sich dabei stets nach den Anweisungen des Wiegemeisters richten und insbesondere von der Waage zurücktreten, sobald dieser ihn dazu auffordert.

§ 6. Jeder, welcher abwiegen läßt, erhält einen Wiegeschein, auf welchem das ermittelte Gewicht des betreffenden Gegenstandes und der für das Wiegen erhobene Gebührensatz angegeben sind.

Die Gebühren werden nach dem dieser Verordnung angefügten Tarif berechnet.

§ 7. Jeder, der eine Zuwiderhandlung gegen die vorstehenden Bestimmungen sich zu Schulden kommen läßt, verfällt in eine Geldstrafe bis zu 9 Mk. oder im Zahlungsunvermögensfalle in verhältnißmäßige Haftstrafe.

Im Falle einer Beschädigung der Waage schließt die Strafe den Anspruch der Stadt auf vollen Ersatz der entstandenen Kosten nicht aus.

§ 8. Diese Verordnung, welche in dem amtlichen Kreisblatt, der „Mülheimer Zeitung", veröffentlicht worden ist und am Rathhause hierselbst für die Dauer von 8 Tagen angeschlagen sein wird, tritt sofort in Kraft.

Mülheim a. Rh., den 20. Mai 1891.

Die Polizeiverwaltung:
Steinkopf, Bürgermeister.

Gebühren-Tarif.

Für die Benutzung der städtischen Waagen ist zu entrichten:
1) Wenn das Bruttogewicht des zu wiegenden Gegenstandes 1500 kg nicht übersteigt . . . . Mk. 0,40,
2) bei einem Bruttogewicht von 1501 kg bis 2250 kg . „ 0,60,
3) bei einem Bruttogewicht von 2251 kg bis 4500 kg . „ 0,80,
4) bei einem Bruttogewicht von 4501 kg bis 10,000 kg „ 1,20,
5) bei einem Bruttogewicht von 10,001 kg bis 15,000 kg „ 1,50.

Mülheim a. Rh., den 20. Mai 1891.

Der Bürgermeister: Steinkopf.

Polizei-Verordnung.

Auf Grund der §§ 73 und 74 der Reichsgewerbeordnung, der §§ 5 und 6 des Gesetzes über die Polizei-Verwaltung vom 11. März 1850, sowie des § 143 des Gesetzes über die allgemeine Landesverwaltung vom 30. Juli 1883 wird unter Aufhebung der den gleichen Gegenstand betreffenden Polizei-Verordnung vom 6. Februar 1863, für den Umfang des Gemeindebezirks der Stadt Mülheim am Rhein hiermit nachstehende Polizeiverordnung erlassen:

§ 1. Die Bäcker und Verkäufer von ungebeuteltem Schwarz- oder Roggenbrod sind verpflichtet, solches nur in einzelnen Broden von einem halben oder ganzen Kilogramm oder von dem Mehrfachen dieser Gewichtsgröße zu verkaufen.

§ 2. Jeder Bäcker und Verkäufer von ungebeuteltem Schwarz- oder Roggenbrod ist verpflichtet, den Preis und das Gewicht des Letzteren an jedem Samstag um 12 Uhr Mittags für die Zeit bis zum nächsten Samstage zu gleicher Stunde zur Kenntniß des Publikums zu bringen.

§ 3. Zu diesem Zwecke hat jeder Bäcker oder Verkäufer von Schwarz- oder Roggenbrod am Samstage in den Vormittagsstunden von 9 bis 11 Uhr bei dem Polizei-Amte zwei Stücke der Selbsttaxe vorzulegen, auf denen unter Angabe der Zeitdauer ihrer Gültigkeit mit mindestens 2 cm hohen Buchstaben und Zahlen das Gewicht und der Preis des von ihm feilgehaltenen Schwarzbrodes anzugeben ist. Ein Stück verbleibt beim Bürgermeister-Amte, das andere wird, nachdem es mit dem polizeilichen Stempel versehen ist, zurückgegeben. Letzteres Stück ist durch einen von außen sichtbaren Anschlag im oder am Verkaufslokale auszuhängen und muß täglich während der Verkaufszeit ausgehängt bleiben.

§ 4. Die Selbsttaxen einzelner Bäcker werden von Zeit zu Zeit durch die Lokalblätter von Seiten des Bürgermeister-Amtes zur öffentlichen Kenntniß gebracht.

§ 5. Die Bäcker und Verkäufer von ungebeuteltem Schwarz- oder Roggenbrod sind verpflichtet, in ihrem Verkaufslokale eine Waage mit den erforderlichen geaichten Gewichten aufzustellen und deren Benutzung zum Nachwiegen der verkauften Brode zu gestatten.

§ 6. Ueberschreitungen der in den §§ 1 und 2 erwähnten Taxen werden nach § 148 Nr. 8 der Gewerbeordnung mit einer Geldstrafe bis zu 150 Mark und im Falle der Zahlungsunfähigkeit mit einer Haftstrafe bis zu 4 Wochen bestraft. Die Uebertretung und Nichtbefolgung der übrigen in dieser Polizei-Verordnung enthaltenen Bestimmungen wird mit einer Geldstrafe bis zu 9 Mark oder im Falle des Unvermögens mit verhältnißmäßiger Haftstrafe geahndet werden.

§ 7. Diese Polizeiverordnung tritt mit dem Tage ihrer Verkündigung in Kraft.

Mülheim am Rhein, den 1. August 1894.

Die Polizeiverwaltung:
Der Bürgermeister Steinkopf.

Bekanntmachung.

Um nächtlichem Wirthshaus-Unfuge und seinen bösen Folgen vorzubeugen, bringe ich hierdurch die bestehenden Vorschriften, wegen Einhaltung der Polizeistunde in geschärfte Erinnerung. Das Zechen und Kartenspielen in den Wirthshäusern über die Polizeistunde hinaus ist verboten. Die

Polizeistunde tritt in hiesiger Stadt, Winter und Sommer hindurch um 11 Uhr, in dem ländlichen Theile des Bürgermeisterei-Bezirks aber, im Sommer, nämlich vom 1. April bis Ende September um 11, und in den sechs Wintermonaten um 10 Uhr ein. Nur bei besondern Veranlassungen kann solche auf Ansuchen der Betheiligten verlängert werden, worüber alsdann von dem Bürgermeisteramte ein Legitimationsschein ertheilt werden wird. Schenkwirthe, welche nach geschlagener Polizeistunde noch fortfahren, oder durch ihre Leute fortfahren lassen, Getränke zu verabreichen, und Gäste, welche nach geschlagener Polizeistunde noch im Wirthshause verweilen, ohne als Fremde dort zu übernachten, oder eine andere dringende Nothwendigkeit ihres längeren Verweilens nachweisen zu können, sollen fortan-unnachsichtlich zur gesetzlichen Bestrafung gezogen werden. Außerdem würde ich im administrativen Wege nicht umhin können, denjenigen Wirthen, bei denen sich derartige Contraventionsfälle wiederholen und die also durch ihre Persönlichkeit keine zureichende Garantie für den ordnungsmäßigen Betrieb ihrer Wirthschaft gewähren, die Concession zu entziehen.

Mülheim am Rhein, den 29. Juli 1845.

Der Bürgermeister. gez.: **Bau**.

Polizei-Verordnung.

Auf Grund der §§ 5 und 6 des Gesetzes über die Polizei-Verwaltung vom 11. März 1850 wird für den Umfang der Bürgermeisterei Mülheim a. Rh. hierdurch verordnet was folgt.

§ 1. Unerwachsene Personen, insbesondere **Schüler** öffentlicher Unterrichts-Anstalten, dürfen von Gast- und Schankwirthen, sowie von Denjenigen, welche zubereitete Speisen oder Getränke zum Genuß auf der Stelle gewerbsmäßig verabreichen, nur in Gesellschaft oder mit Genehmigung ihrer Eltern, erwachsener Verwandten, Vormünder oder Lehrer aufgenommen und mit Speisen und Getränken bewirthet werden.

§ 2. Zuwiderhandlungen werden mit 3 bis 9 Mark Geldstrafe geahndet, an deren Stelle im Unvermögensfalle entsprechende Haft tritt.

Außerdem soll gegen die Contravenienten, welche wiederholt Trinkgelage von Schülern bei sich dulden, wegen Mißbrauchs des Gewerbebetriebs auf Grund der §§ 33 und 53 der Gewerbeordnung das Verfahren der Concessions-Entziehung eingeleitet werden.

§ 3. Diese Verordnung tritt nach vorschriftsmäßig geschehener Bekanntmachung sogleich in Kraft.

Mülheim am Rhein, 30. Juli 1881.

Der Bürgermeister **Steinkopf**.

Markt-Polizei.

Auf Grund des § 69 der Bundes-Gewerbe-Ordnung vom 21. Juni 1869 resp. des Gesetzes vom 26. April 1872 wird unter Aufhebung der früheren Verordnungen für die Stadt Mülheim am Rhein hierdurch folgende

Markt-Ordnung

erlassen.

I. Vom Verkaufe und den hierfür bestimmten Marktstellen.

§ 1. Der Verkehr mit Marktgegenständen ist unter den in dieser Markt=Ordnung enthaltenen Bestimmungen nur auf den für denselben bezeichneten öffentlichen Straßen, Plätzen und Stellen gestattet.

§ 2. Die für den Marktverkehr bestimmten Marktplätze und Stellen sind folgende:

A. Für den Wochenmarkt.

a) für sämmtliche Wochenmarktgegenstände, mit Ausschluß der kleinen vierfüßigen Thiere, die Bankette längs der Häuserreihen auf dem nörd=lichen Theile der Freiheitstraße von der Kohlgasse und Kaisersgasse an.

Die Reihenfolge der Aufstellung beginnt am Ausgange der Kohlgasse und der Kaisersgasse, und bleibt die nähere Bestimmung der Standplätze von dort ab, sofern solches erforderlich ist, der Polizeibehörde vorbehalten.

Den Verkäufern ist es hierbei ausdrücklich untersagt, ihre Waaren außerhalb der obengedachten Straßen=Bankette und etwa mit Ueberschrei=tung der Straßenrinnen auf der Fahrbahn der Freiheitstraße aufzustellen.

Ebenso muß der Raum vor den Thüren, Thoren und Thorgängen zu den einzelnen Häusern der gedachten beiden Häuserreihen frei gehalten werden, und es ist untersagt, auf diesem Raume Marktgegenstände zum Verkauf aufzustellen.

Auch müssen die Karren, auf welchen Gegenstände zum Markt gebracht werden, vom Markte und der Straße sofort entfernt werden.

b) für kleine vierfüßige Thiere, insbesondere Kälber, das Bankett vor den Häusern Freiheitstraße Nr. 95 und 97.

B. Für den Jahrmarkt.

Die Bachstraße.

§ 3. Auf dem Wochenmarkte dürfen nur folgende Gegenstände feil=geboten werden:

1. Erzeugnisse des Bodens, der Land= und Forstwirthschaft, der Jagd und Fischerei, welche zum Genusse dienen.

Alle eßbaren Garten=, Wald= und Feldfrüchte (frisch, getrocknet, ge=backen oder eingekocht) als Obst, Citronen, Pomeranzen, Apfelsinen, Gemüse, Kräuter, Knollen und Wurzeln, auch rohe ungedörrte Cichorienwurzeln, ferner Pilze, Beeren, Sämereien, Hülsenfrüchte, Mehl jeder Art (ein=schließlich des Kartoffel= und Senfmehls) und alle anderen Mühlenfabrikate aus Getreide und Hülsenfrüchten, sodann Hefe, Brod, Semmel und ähnliche Backwaaren.

Kleine vierfüßige Thiere, Kälber, Schafvieh, Schweine, Ziegen, Milch, Butter, Käse, Fleisch und Fleischwaaren (frisch, gesalzen oder geräuchert), wildes Geflügel und Wildpret aller Art, Federvieh, Eier, Honig, Krebse, Muscheln, Fische (frisch, gesalzen, gedörrt oder geräuchert).

2. Andere Erzeugnisse der Natur und der mit dem Landbau und der Forstwirthschaft verbundenen gewerblichen Thätigkeit.

Rohe Steine und Erden, Schiefer, Kalksteine, roher Gips und Traß, Kreide, Thon, Walkerde, Sand=, Feuer=, Wetz= und Schleifsteine und Ziegeln.

Gras, Heu, Viehfutter (auch Oelkuchen), Stroh, Schilf, Rohr, Bast,

Laub- und Nadelstreu, Seetang, Moos, Schwamm, rohe Wurzelgewächse, Stengel und Blätter (namentlich auch rohe unbearbeitete Tabaksblätter), Blumen und Pflanzen, Hopfen, Wau, Karden, desgleichen Oel- und Kleesaat und andere Pflanzensamen, Sträucher, Bäume, Ruthen, Reiser, auch Besen aus Reisern, sowie grobe Geflechte aus Holzspänen, aus Weiden, Schilf, Rohr, Bast, Stroh und dergl.

Flachs, Hanf, Leinengarn, Zwirn, Band und Strümpfe aus Leinen, Leinewand, Zwillich und Drillich.

Brennholz, Torf, Holz, Braun- und Steinkohlen und andere Brennmaterialien, Lohe und Lohkuchen, Harz, Theer, Pech, Kienöl, Kienruß, Asche, Bau-, Nutz- und Schirrholz, Pfähle, Bretter, Latten, Dachsplitten und grobe Holzwaaren.

Vögel, Bienenstöcke, rohes Wachs, Schreib- und neue Bettfedern, rohes Horn, Knochen, rohe Thierfelle, Borsten, Thierhaare und wollenes Strickgarn.

§ 4. Als Wochen-Markttag wird mit Ausnahme der Sonn- und Feiertage jeder Tag in der Woche angesehen.

Der Markt beginnt am frühen Morgen und dauert bis 2 Uhr Nachmittags. Nach 2 Uhr darf kein Standgeld mehr erhoben werden und die Verkäufer müssen den Markt geräumt haben. Eine Ausnahme hiervon findet nur an den gestatteten Obstständen statt.

II. Von dem Standgelde und dessen Erhebung.

§ 5. Jeder, welcher auf den Markt- oder anderen öffentlichen Plätzen und Straßen feilbietet, Krambuden und Victualienstände hält, hat für Miethe des eingenommenen Platzes täglich, und so oft der Kram aufgeschlagen oder, gleichviel wie lange, feilgeboten wird, das hierunter bestimmte Standgeld zu entrichten.

§ 6. Das Standgeld wird nach folgenden Sätzen entrichtet:

	ℳ	₰
1) Von jedem Korb oder Getrag Gemüse oder Butter, Eier, Obst, Fleischwaaren und sonstigen Victualien oder sonstigen Wochenmarkt-Gegenständen, sowie von jeder Bütte mit Fischen	—	3
2) Von jeder Kiepe oder jedem Sack mit Victualien oder anderen Wochenmarkt-Gegenständen	—	5
3) Von einem Kalbe, Schaafe, Schweine oder einer Ziege	—	10
4) Von einem Spanferkel, Lamm, Hasen, Truthahn, einer Gans	—	2
5) Von einer Ente, einem Huhn, einem Paar Tauben, einem Kaninchen	—	1
6) Von einem Tisch zum Verkaufe von Fleischwaaren oder Fischen oder sonstigen Wochenmarkt-Gegenständen bis zum Flächenraum von 2 Quadratmeter	—	10
von jedem 1/20 Quadratmeter mehr	—	1
7) Von einer offenen Krambude zum Verkaufe von Victualien oder sonstigen Wochenmarkt-Gegenständen bis zum Flächenraum von 2 Quadratmeter	—	10
von jedem 1/20 Quadratmeter mehr	—	1
8) Von einem ständigen Obstkram bis zum Flächenraum von 2 Quadratmeter	—	5
von jedem 1/20 Quadratmeter mehr	—	1

9) Von größeren Buden, von $1/10$ Quadratmeter Fronte der längsten Seite drei R.=Pfg. Bei runden Buden wird der halbe Umfang gemessen, und von der Länge dieses Halbkreises das Standgeld mit drei R.=Pfg. für $1/10$ Quadratmeter erhoben.

§ 7. Die Marktordnung mit dem Tarife zur Erhebung des Marktstandgeldes muß während der Marktzeit zu Jedermanns Einsicht auf den zum Feilhalten bestimmten Straßen aufgestellt sein und es dürfen außer den darin bestimmten Abgaben keine anderen erhoben werden.

Kein Marktbesucher darf Gegenstände, welche er zu Markte bringt, feilhalten oder auf den Marktplätzen ausstellen oder von dem Karren, auf welchem dieselben zu Markte gebracht sind, abladen, bevor er das Standgeld von denselben entrichtet und einen Marktschein darüber empfangen hat.

Zu dem Ende hat jeder Verkäufer sich bei dem auf dem Wochenmarkte befindlichen Erhebungsamte, welches durch ein Aushängeschild kenntlich, und welches während der Marktstunden geöffnet ist, zu melden, und den nur für einen Tag gültigen Marktschein einzulösen, sorgfältig aufzubewahren und auf Erfordern vorzuzeigen.

Bei diesem Erhebungsamte werden auch die Standgelder von den Buden erhoben, welche im Laufe des Jahres während der Kirmeßmärkte oder bei anderen Gelegenheiten, z. B. Schützenfesten zur Ausstellung von Thieren, Wachsfiguren, Marionetten, Seiltänzern, Kunstreitern, Carousellen und dergleichen erbaut werden. Von diesen Buden müssen die Gebühren während der ganzen Dauer der Aufstellung, mit Ausnahme der zur Aufrichtung und zum Abbruche bestimmten Tage, falls an denselben nicht feilgeboten oder ausgestellt wird, zum Voraus hinterlegt, beziehungsweise bezahlt werden.

Es kommen hier ferner zur Erhebung die Standgelder von Krambuden und Verkaufsständen derjenigen, besonders städtischen Feilbringer, welche für längere Zeit einen festen Stand aufschlagen.

§ 8. Alle wochenmarktpflichtigen Gegenstände, welche während der Marktzeit zum Verkaufe in die Stadt gebracht werden, unterliegen den Bestimmungen der Markt=Ordnung; ausgenommen hiervon sind diejenigen Marktgegenstände, welche per Eisenbahnwaggon resp. Schiff hier ankommen und sofort an Ort und Stelle aus dem Waggon oder Schiff verkauft werden.

Wer jedoch auf directe Bestellung Wochenmarkts=Gegenstände einführt, um solche außerhalb der dazu bestimmten Marktstellen an den Bezieher abzusetzen, muß durch einen Frachtbrief oder einen Schein des Beziehers nachweisen, daß über sein Gut der Handel vor der Verladung abgeschlossen worden ist. Nachträglich beigebrachte Bescheinigung entbindet nicht von der Zahlung des Marktstandgeldes.

§ 9. Die Polizeibehörde wird den Marktgeld=Einnehmer unterstützen und darauf sehen, daß jeder Verkäufer und Aussteller das tarifmäßige Standgeld entrichtet, sowie aber auch, daß von dem Marktgeld=Einnehmer nicht mehr gefordert oder erhoben wird, als im Tarif festgesetzt ist.

III. Von der öffentlichen Waage.

§ 10. Niemand ist gezwungen, die Verkaufsgegenstände auf der öffentlichen Waage abwägen zu lassen; verlangt jedoch der Ver= oder Ankäufer das Abwägen, so darf dieses nur auf der öffentlichen Waage geschehen.

§ 11. Das Waagegeld wird nach folgenden Sätzen vom Verkäufer an den Waagemeister entrichtet:
bis zu 2 Kilo 1 Rpfg. pro Pfund,
von 3 bis 10 Kilo 5 Rpfg. im Ganzen,
von 11 bis 50 Kilo 10 Rpfg. im Ganzen,
und für jede 50 Kilo mehr 5 Rpfg.

IV. Polizei der Märkte.

§ 12. Es dürfen keine verfälschte, verdorbene, unreife oder sonst ungesunde Lebensmittel, namentlich auch kein unreifes Obst, zum Verkaufe ausgesetzt werden.

Derartige Lebensmittel sollen in Beschlag genommen, nach Befund der Umstände dem Genusse entzogen und vernichtet, und die Zuwiderhandelnden außerdem, und zwar eintretenden Falls auf Grund der deßfallsigen Bestimmungen des Strafgesetzbuches, zur polizeigerichtlichen Bestrafung gezogen werden.

§ 13. Darauf, daß beim Marktverkaufe nur gestempelte und richtige Gewichte, Maaße und Waagen gebraucht werden, wird strenge gehalten, und gegen die Inhaber ungestempelter oder unrichtiger Gewichte, Maaße und Waagen den dieserhalb bestehenden Strafgesetzen gemäß verfahren werden.

§ 14. Bei Gegenständen, welche für ein bestimmtes Maaß oder Gewicht verkauft werden, muß das angegebene Gewicht oder Maaß sich wirklich vorfinden, widrigenfalls die ursprüngliche Packung der Waare zur Verhütung ferneren Mißbrauchs zerstört und der Verkäufer dem Gericht zur Bestrafung übergeben werden soll.

§ 15. Das Umherziehen zwischen den Marktreihen zum Zwecke des Verkaufs von Gemüsen und sonstigen Gegenständen ist untersagt; es hat vielmehr Jeder nur auf der ihm angewiesenen Verkaufsstelle feilzubieten.

§ 16. Zur Errichtung von öffentlichen Verkaufs- oder Ausstellungsständen auf öffentlichen Straßen oder Plätzen bedarf es zunächst der Genehmigung der Polizeibehörde.

V. Strafverfahren.

§ 17. Wer den in gegenwärtiger Markt-Ordnung getroffenen Anordnungen zuwiderhandelt, wird in Gemäßheit des § 149 zu 6 der Bundes-Gewerbe-Ordnung vom 21. Juni 1869 mit Geldbuße bis zu 10 Thalern und im Fall des Unvermögens mit Gefängniß bis zu acht Tagen bestraft.

§ 18. Wer Marktstandgelder erhebt oder erheben läßt, von welchem er weiß, daß es gar nicht oder nur in geringerem Betrage zu entrichten ist, hat für jeden Uebertretungsfall nach Maßgabe der § 6 des Gesetzes vom 26. April 1872, betreffend die Erhebung von Marktstandgeld, eine Geldstrafe bis zu 150 Mark oder im Unvermögensfalle verhältnißmäßige Haft verwirkt.

Vorstehende Markt-Ordnung wird hiermit zur öffentlichen Kenntniß gebracht, und tritt dieselbe mit dem heutigen Tage in Kraft.

Mülheim am Rhein, den 27. März 1876.

Der Bürgermeister: **Kaiser**.

Der in den §§ 5 u. 6 der vorstehenden Markt-Ordnung enthaltene Tarif zur Erhebung des Marktstandgeldes in Mülheim am Rhein wird auf Grund des § 1 des Gesetzes vom 26. April 1872 (Ges.-Sammlung Seite 513) hierdurch genehmigt.

Köln, den 13. März 1876.

(L. S) Königliche Regierung, Abtheilung des Innern:
von Guionneau.

Bekanntmachung.

Nach Anhörung und in Uebereinstimmung mit der hiesigen Stadtverordneten-Versammlung wird der Paragraph 2 der am 27. März 1876 für die Stadt Mülheim am Rhein erlassenen und von Königl. Regierung zu Köln am 31. März 1876 genehmigten

Markt-Ordnung

aufgehoben und an Stelle desselben auf Grund des § 69 der Bundesgewerbe-Ordnung vom 21. Juni 1869 folgende Bestimmung erlassen:

1) Die für den Marktverkehr bestimmten Marktplätze und Stellen sind folgende:

A. Für den Wochenmarkt

und zwar für sämmtliche Wochenmarktgegenstände, mit Ausschluß der kleinen vierfüßigen Thiere.

a) Das Bankett längs der östlichen Häuserreihe der Freiheitstraße vom Hause Nr. 80 ab nach Norden zu;

b) der Bachplatz.

Die Reihenfolge der Aufstellung wird durch die Polizeibehörde bestimmt. Verkaufsstände (Buden, Tische) für Fleisch, Fische, Manufactur- und Kurzwaaren ꝛc. ꝛc. dürfen nur auf dem Bachplatze aufgestellt werden.

Den Verkäufern ist es ausdrücklich untersagt, ihre Waaren außerhalb des vorbenannten Straßenbanketts in der Freiheitstraße und des Bachplatzes, etwa mit Ueberschreitung der Straßenrinnen und der Fahrbahnen aufzustellen.

Ebenso muß der Raum vor den Thüren, Thoren und Thorgängen zu den einzelnen Häusern, welche an den Marktplätzen gelegen sind, frei gehalten werden, und ist es untersagt, auf diesem Raume Marktgegenstände zum Verkauf aufzustellen.

Auch müssen die Karren, auf welchen Gegenstände zum Markt gebracht werden, von den Marktplätzen und der an denselben befindlichen Straßen sofort entfernt werden.

c) für kleine vierfüßige Thiere, insbesondere Kälber, das Bankett vor den Häusern Freiheitstraße Nr. 95 und 97.

B. Für den Jahrmarkt.

Die Bachstraße.

2) Wer den in gegenwärtiger Verordnung getroffenen Bestimmungen zuwiderhandelt, verfällt ebenfalls in die im § 17 der am 27. März 1876 erlassenen Marktordnung angedrohten Strafen.

3) Vorstehende Verordnung tritt mit dem ersten December d. Js. in Kraft.

Dieselbe wird hiermit zur öffentlichen Kenntniß gebracht.

Mülheim am Rhein, 28. November 1879.

Der Bürgermeister: **Steinkopf.**

Bekanntmachung.

Nach Berathung und in Uebereinstimmung mit der Stadtverordneten-Versammlung hierselbst wird hierdurch auf Grund des § 5 des Gesetzes über die Polizei-Verwaltung vom 11. März 1850 und des § 69 der Gewerbeordnung vom 21. Juni 1869, die Bestimmung in § 2 sub c der von der Königlichen Regierung zu Köln, vom 31. März 1876 genehmigten hiesigen Marktordnung, also lautend:

Die für den Marktverkehr bestimmten Marktplätze und Stellen sind folgende:

p. p. „C. Für kleine vierfüßige Thiere, insbesondere Kälber das Bankett vor den Häusern Freiheitstraße Nr. 95 und 97"

aufgehoben und an deren Stelle Folgendes verordnet:

„C. Für kleine vierfüßige Thiere, insbesondere Kälber, der Bachplatz, vor der Mühle dortselbst bis zum Eingang in die Thurmstraße bezw. die Seufferts=gasse."

Diese Anordnung tritt mit dem 1. August cr. in Kraft.

Zuwiderhandlungen gegen dieselbe unterliegen den im § 17 der Marktordnung vom 27. März 1876 festgesetzten Strafen.

Mülheim am Rhein, den 16. Juli 1884.

Der Bürgermeister: **Steinkopf.**

Medicinal- und Veterinär-Polizei.

Polizei-Verordnung.

Auf Grund der §§ 5 und 6 des Gesetzes über die Polizei-Verwaltung vom 11. März 1850 wird von dem unterzeichneten Bürgermeister der Stadtgemeinde Mülheim am Rhein für den Umfang der diesseitigen Bürgermeisterei hierdurch nachstehende Polizei-Verordnung erlassen.

§ 1. Jeder Gast= oder Schenkwirth muß seine Abtritte in einem solchen Zustande erhalten, daß durch deren Beschaffenheit keine Gefahr für den öffentlichen Gesundheitszustand entsteht.

Zu dem Ende hat derselbe mindestens von acht zu acht Tagen, und zwar am Samstage einer jeden Woche, in jede Abtrittsöffnung ein Pfund in einem halben Eimer Wasser aufgelösten Eisenvitriols einzugießen.

§ 2. Ergiebt sich aus dem Zustande eines Abtritts, namentlich durch das wahrnehmbare Entweichen von Abtrittsgasen, die Nothwendigkeit einer Desinfektion, so hat der betreffende Gast= oder Schenkwirth eine solche Desinfektion wie vorangegeben, oder wo es polizeilicherseits nöthig befunden wird, eine noch stärkere sofort vorzunehmen, selbst wenn noch nicht acht Tage nach der letzten Desinfektion verflossen sind.

§ 3. Zuwiderhandelnde verfallen in eine Polizeistrafe von 1 bis 3 Thalern und im Falle des Zahlungsunvermögens in verhältnißmäßige Gefängnißstrafe, und wird außerdem das Versäumte auf ihre Kosten auf polizeilichem Wege angeordnet werden.

§ 4. Gegenwärtige Polizei-Verordnung, welche an dem hiesigen Gemeindehause angeschlagen ist und solches acht Tage lang bleiben wird, tritt sofort nach der Publikation in Kraft.

Mülheim am Rhein, den 8. August 1866.

Der Bürgermeister: **Blin**.

Polizei-Verordnung.

Nachdem in der Stadt Köln die Rinderpest ausgebrochen ist, wird auf Grund des Bundesgesetzes vom 7. April 1869 sowie der §§ 5 und 6 des Gesetzes über die Polizeiverwaltung vom 11. März 1850 von dem unterzeichneten Bürgermeister der Stadtgemeinde Mülheim am Rhein für den Umfang der diesseitigen Bürgermeisterei nachstehende Polizei-Verordnung erlassen:

§ 1. Nur solches Rindvieh, welches nach Ausweis vorzuzeigender Ursprungszeugnisse aus seuchefreien Gegenden kommt und auf seinem Transport keine von der Seuche ergriffenen Gegenden passirt hat, darf in den Bürgermeistereibezirk eingeführt werden. Dasselbe gilt von Kälbern, Schafen, Ziegen und Schweinen.

§ 2. Der Transport von Rindvieh, Kälbern, Schafen, Ziegen und Schweinen von der linken zur rechten Rheinseite, vermittelst Schalden, Nachen oder Dampfschiff, ist verboten.

§ 3. Zuwiderhandelnde verfallen, sofern nicht die Strafbestimmungen des § 307 des Strafgesetzbuches Platz greifen, in eine Polizeistrafe von 1 bis 3 Thalern und im Fall des Zahlungsunvermögens in verhältnißmäßige Gefängnißstrafe.

§ 4. Gegenwärtige Polizei-Verordnung, welche an dem hiesigen Gemeindehause angeschlagen ist und solches acht Tage lang bleiben wird, tritt sofort nach der Publikation in Kraft.

Mülheim am Rhein, den 24. September 1870.

Der Bürgermeister: **Blin**.

Polizei-Verordnung.

Auf Grund der §§ 5 und 6 des Gesetzes vom 11. März 1850 wird hierdurch für den Umfang der Stadtbürgermeisterei Mülheim am Rhein verordnet, was folgt:

1. Jeder Viehbesitzer ist verpflichtet, der Ortspolizei-Behörde sofort Anzeige zu erstatten, wenn ein Stück seines Viehes erkrankt und wenn in dem seitherigen Bestande seines Rindviehes durch An- und Verkauf oder durch Abschlachten, Absterben usw. eine Aenderung herbeigeführt worden. Zu gleicher Anzeige ist Jeder verpflichtet, welcher sich ein Stück Rindvieh neu beschafft.

Hierbei muß außer der Farbe und Abzeichen des Stück Rindviehs angegeben werden, von wem und woher dasselbe neu eingeführt und beziehungsweise an wen und wohin dasselbe verkauft resp. ausgeführt ist.

2. Zuwiderhandlungen gegen vorstehende Bestimmung unterliegen — insofern die Gesetze keine höheren Strafen vorschreiben — einer Geldbuße bis zu neun Mark, an deren Stelle im Falle des Unvermögens verhältnißmäßige Haft tritt.

Diese Verordnung tritt nach erfolgter Publikation sogleich in Kraft.
Mülheim am Rhein, den 21. Februar 1877.
Der Bürgermeister gez.: **Steinkopf.**

Polizei-Verordnung
betreffend die zwangsweise uneingeschränkte mikroskopische Untersuchung des Schweinefleisches auf Trichinen und Finnen.

Um den durch den Genuß trichinen- oder finnenhaltigen Schweinefleisches entstehenden Erkrankungen möglichst sicher vorzubeugen, verordnen wir auf Grund des § 11 des Gesetzes über die Polizei-Verwaltung vom 11. März 1850 für den Umfang unseres Verwaltungsbezirkes wie folgt:

§ 1. Ein Jeder, der ein Schwein schlachtet oder schlachten läßt, ist verpflichtet, dasselbe vor weiterer Zerlegung durch einen hierzu amtlich bestellten Fleischschauer auf das Vorhandensein von Trichinen und Finnen untersuchen zu lassen. Ein Schwein gilt als zerlegt, wenn an demselben die zur Untersuchung erforderlichen Theile, namentlich Kopf, Zunge, Kehlkopf, Zwerchfell und Herz fehlen. (§ 9, 2. der Ausführungs-Verordnung.)

Vor stattgehabter Untersuchung und abgegebener Erklärung, daß das Schwein trichinen- und finnenfrei befunden, sowie vor ausgeführter Bezeichnung des Schweines mittelst des Brennstempels darf das Fleisch zum Genuß für Menschen weder verkauft, zubereitet oder verarbeitet, noch an Andere überlassen werden.

§ 2. Kaufleute und Händler mit Ausnahme der ausschließlichen Großhändler, welche Schweinefleisch oder daraus bereitete Fleischwaaren zum Verkauf führen, desgleichen alle Fleischwaaren-Fabrikanten dürfen ihre Fleischwaaren weder auslegen, noch feilhalten, noch verkaufen, bevor sie der Ortspolizeibehörde einen amtlichen Nachweis gebracht haben, daß die Fleischwaaren auf Trichinen und Finnen untersucht und davon frei befunden worden sind. Der Nachweis wird als erbracht angesehen:

1. Durch ein Attest der Polizeibehörde am Ursprungsorte, daß dort die Untersuchung der geschlachteten Schweine auf Trichinen und Finnen obligatorisch allgemein eingeführt sei. 2. Durch ein amtliches Attest der Polizeibehörde bezüglich eines amtlich bestellten, als solcher sich ausweisenden Sachverständigen des Absendungsortes, daß die Fleischwaaren dort auf Trichinen und Finnen untersucht und frei davon befunden worden sind. 3. Durch ein gleiches amtliches Zeugniß eines Fleischschauers am Verkaufsorte. 4. Durch den auf die Fleischwaaren deutlich eingebrannten Stempel. (§ 12 der Ausführungs-Verordnung.)

Als Schweinefleischwaaren oder Präparate von Schweinefleisch, deren

Ursprungsort außerhalb des Deutschen Reichs gelegen, finden die vorstehenden sub 1, 2 genannten Bestimmungen keine Anwendung. Dergleichen Waaren bedürfen stets der sub 4 vorgeschriebenen Bezeichnung oder des sub 3 vorgeschriebenen Attestes.

§ 3. Jeder, der Fleischwaaren oder Schweinefleisch feilhält, verkauft oder sonst an Andere überläßt, hat über diejenigen Fleischwaaren, welche mit dem Brennstempel eines amtlichen Fleischschauers nicht versehen sind, entweder ein vorschriftsmäßig eingerichtetes Fleischwaarenbuch (§ 18 der Ausführungs-Instruktion), zu führen oder in jedem Einzelfalle ein besonders vorschriftsmäßig ausgeführtes Attest des Fleischschauers beizubringen. Das Fleischwaarenbuch hat den Vermerk über die geschehene amtliche Untersuchung zu enthalten oder demselben ist der darüber erbrachte Nachweis als Beleg beizufügen. Dasselbe ist ein Jahr lang, von der letzten darin verzeichneten Untersuchung abgerechnet, aufzubewahren und der Polizeibehörde auf Verlangen vorzulegen. Die Einzelatteste, welche gleichfalls auf Anfordern der Behörde vorzulegen sind, müssen mindestens 3 Monate lang aufbewahrt werden.

§ 4. Wird durch den angestellten Fleischschauer im Schweinefleisch oder den daraus bereiteten Fleischwaaren das Vorhandensein von Trichinen und Finnen festgestellt, so hat sowohl der Sachverständige, als auch der Besitzer des Schweines beziehungsweise der Fleischwaaren der Ortspolizeibehörde ohne Verzug hiervon Anzeige zu machen. Der Besitzer hat zunächst für sichere Aufbewahrung des betreffenden Schweines bezw. der Fleischwaaren Sorge zu tragen und die weitere Anordnung der Polizeibehörde abzuwarten.

§ 5. Sowohl rohes, wie verarbeitetes Schweinefleisch, das trichinen- oder finnenhaltig befunden wird, ist nebst den zugehörigen ausgeweideten Theilen, nach den von der Ortspolizeibehörde zu treffenden Anordnungen und unter deren Aufsicht unschädlich zu machen. (§§ 14—17 der Ausführungs-Instruktion.)

§ 6. Zuwiderhandlungen gegen die Vorschriften dieser Verordnung werden mit einer Geldbuße bis 30 Mark für jeden Contraventionsfall oder im Falle des Unvermögens mit verhältnißmäßiger Haft geahndet, soweit nicht nach Maßgabe des Strafgesetzbuchs eine höhere Strafe eintritt.

§ 7. Diese Polizei-Verordnung tritt für jede Ortschaft, bezw. jeden Bezirk erst dann in Kraft, wenn sie von der zuständigen Ortspolizeibehörde vorher in vorschriftsmäßiger Weise bekannt gemacht und für den betreffenden Ort bezw. Bezirk ein Fleischschauer, für größere Städte eine dem Bedürfniß entsprechende Anzahl von Sachverständigen verpflichtet und deren Anstellung, Name und Wohnort bezw. Wohnung bekannt gemacht ist.

§ 8. Rücksichtlich der vorhandenen, bisher aber nicht untersuchten Fleischwaaren bleibt die Untersuchung durch einen amtlichen Fleischschauer ausgeschlossen, wenn die betreffenden Fleischwaarenbestände innerhalb 8 Tagen nach dem Inkrafttreten dieser Verordnung (§ 7) durch die Ortspolizeibehörde festgestellt, mittelst Siegel oder einer Plombe bezeichnet und unter ihrer Aufsicht in das Fleischwaarenbuch eingetragen worden sind.

Köln, den 7. Oktober 1878.

(Amtsblatt S. 185.)   Königliche Regierung.

Vorstehende Polizei-Verordnung der Königlichen Regierung zu Köln wird hierdurch mit dem Bemerken zur öffentlichen Kenntniß gebracht, daß dieselbe für den Ortspolizeibezirk Mülheim am Rhein mit dem 1. Februar 1879 in Kraft tritt und wird zur Ausführung derselben auf Grund der §§ 5 und 6 des Gesetzes über die Polizei-Verwaltung vom 11. März 1850 und der §§ 36 und 78 der Gewerbeordnung vom 21. Juni 1869 hiermit verordnet, was folgt:

§ 1. Zur Vornahme der amtlichen Fleischschau ist nur derjenige berechtigt, welcher von der Ortspolizeibehörde als öffentlicher Fleischschauer bestellt und vereidet worden ist.

Die Namen und Wohnung der Letzteren event. mit Angabe der ihnen überwiesenen Bezirke werden öffentlich bekannt gemacht. Uebertragung und Einziehung der Bestallung wird gleichfalls öffentlich bekannt gemacht.

§ 2. Ueber die Zahl der anzustellenden Fleischschauer entscheidet die Ortspolizeibehörde, welcher es auch überlassen bleibt, dem Fleischschauer einen bestimmten Bezirk zu überweisen.

§ 3. Die Fleischschauer sind der Aufsicht des zuständigen Kreis-physikus und beamteten Thierarztes unterworfen, welche Beamte alle zu ihrer Kenntniß gelangenden Vernachlässigungen oder mangelhaften Ausführungen der Fleischschau Seitens der angestellten Fleischschauer der zuständigen Ortspolizeibehörde anzuzeigen haben.

§ 4. Die Beschaffung des zur Fleischschau nothwendigen Mikroskops und anderer Instrumente ist Sache des anzustellenden Fleischschauers, doch müssen die betreffenden Instrumente vor ihrer amtlichen Benutzung von dem Kreisphysikus oder beamteten Thierarzt geprüft und durch schriftliche Bescheinigung für tauglich erklärt worden sein.

§ 5. Jeder Eigenthümer eines zu untersuchenden Schweines (§ 1 der Polizei-Verordnung vom 2c.) ist verpflichtet, vor dem Schlachten desselben dem angestellten Fleischschauer rechtzeitige Anzeige zu machen, welcher letzterer die vorgeschriebene Untersuchung wo möglich am Tage des Schlachtens und spätestens am Vormittage des folgenden Tages mit der erforderlichen Gewissenhaftigkeit und Sorgfalt vorzunehmen hat.

§ 6. In der Regel darf der Fleischschauer an einem Tage Fleischtheile von nicht mehr als acht Schweinen untersuchen und nur bei besonderer Geschicklichkeit und besonderen die Ausführung der Fleischschau wesentlich erleichternden Einrichtungen kann auf eine darüber ausgestellte Bescheinigung des Kreisphysikus oder beamteten Thierarztes eine größere Zahl der täglich vorzunehmenden Untersuchungen gestattet werden.

§ 7. Für die mikroskopische Untersuchung auf Trichinen gelten folgende Bestimmungen:

A. bei unzerlegten oder theilweise zerlegten Schweinen:
1. der Fleischschauer ist verpflichtet, die zur Untersuchung nothwendigen Fleischtheile dem Schweine persönlich zu entnehmen oder in seiner Gegenwart entnehmen zu lassen. Ausnahmen sind nur unter den von der Ortspolizeibehörde zu bestimmenden Bedingungen und zwar nur durch angestellte zuverlässige Boten zulässig. Bei Entnahme von Fleischproben sind zur Vermeidung von Verwechslungen, sowohl die Proben, wie das Gefäß, in welches die Fleischproben

gebracht worden, mit einer für Proben und Gefäß gleichlautenden Marke zu versehen;

2. die Untersuchung hat sich auf mindestens 12 Präparate von Fleisch=proben zu erstrecken, die wo möglich folgenden 6 Körpertheilen und zwar besonders den sehnigen Ansätzen der betreffenden Muskeln zu entnehmen sind:
a) den Muskelansätzen des Zwerchfelles, dem sogenannten Zwerch=fellpfeiler (parslum balis diaphragmatis),
b) den Zwischenrippenmuskeln,
c) der Zungenwurzel,
d) den kleinen Kehlkopfmuskeln,
e) den Augenmuskeln,
f) den Kau= und sogenannten Zwillingsmuskeln.

Bezüglich Untersuchung auf Finnen sind zunächst zu berücksichtigen a) die Muskeln am sogenannten Schluß, b) das Zwerchfell, c) das Herz, d) die Halsmuskeln, e) die untere Fläche der Zunge.

B. Bei Fleischwaaren.

§ 8. Bei frischen oder geräucherten Schinken, bei Pöckelfleisch sind von den verschiedenen, möglichst tief gelegenen Stellen der sehnigen Muskel=ansätze 6—8 Fleischproben zu entnehmen. Von gemengten und verar=beiteten Fleischwaaren — Würsten — sind mittelst der Harpune mindestens ebenso viele Proben zu entnehmen und bietet die Untersuchung hier nur dann eine genügende Sicherheit, wenn feststeht, daß die betreffende Fleisch=waare von ein und demselben Schweine herrührt.

§ 9. Jeder angestellte Fleischschauer muß über alle von ihm vor=genommenen Untersuchungen von geschlachteten Schweinen oder Fleisch=waaren ein Geschäftsbuch mit folgenden Colonnen führen: a) laufende Nummer, b) Eigenthümer des Schweines oder der Fleischwaaren, c) Gegen=stand der Untersuchung, d) Tag derselben, e) Ergebniß, f) Bemerkungen. Dasselbe ist auf Verlangen der Polizeibehörde jederzeit vorzulegen.

§ 10. Findet der Fleischschauer das untersuchte Schwein oder die untersuchten Fleischwaaren trichinen= und finnenfrei, so hat er das Schwein mit dem ihm von der Ortspolizeibehörde amtlich übergebenen rothglühend gemachten Stempel so zu bezeichnen, daß der Stempelbrand auf der Schwarte der beiden Hinterschinken, der Speckseiten und Schulterblätter in schwarzer oder brauner Schrift deutlich sichtbar ist. Die untersuchten Schinken und Speckseiten sind ebenfalls mit dem Brennstempel zu bezeichnen und über untersuchte gemengte Fleischwaaren — Würste ein Attest auszustellen und das Untersuchungsergebniß in das Fleischwaarenbuch des Fleischhändlers (§ 3 der Polizei=Verordnung von ꝛc.) einzutragen.

§ 11. Ist durch die Untersuchung das Vorhandensein von Trichinen oder Finnen festgestellt, so hat der Fleischschauer dem Eigenthümer und der Ortspolizeibehörde hiervon ohne Verzug Anzeige zu machen. Von den als trichinös befundenen Schweinen oder Schweinetheilen sind 1—2 mi=kroskopische Präparate, wohlverkittet, von dem Fleischschauer an die Orts=behörde abzuliefern und zur eventuellen Revision dort wenigstens 2 Monate aufzubewahren.

§ 12. Der Verkauf, das Feilhalten oder Ueberlassen des finnig be=

fundenen Schweinefleischs, sowie der häusliche Verbrauch und das Verarbeiten desselben zu Wurst oder anderen Fleischwaaren ist Seitens der Ortspolizeibehörde nur dann zu gestatten, wenn das magere Fleisch nach Gutachten des angestellten Fleischschauers nur wenig mit Finnen durchsetzt und unter polizeilicher Aufsicht nach vorheriger Zerkleinerung vollständig gar gekocht ist.

§ 13. Das durch Ausschmelzen oder Auskochen gewonnene Fett von finnigen Schweinen sowie die Rückstände des Ausschmelzens, die sogenannten Grieben, werden zum Verkauf und häuslichen Verbrauch ohne Weiteres zugelassen.

§ 14. Schweine, welche vom Fleischschauer in bedeutendem Grade finnig befunden worden, sind nach stattgehabter zulässiger Ausnutzung als da ist: Ausschmelzen des Fetts, chemische Verarbeitung des ganzen Schweines, Verwendungen in Seifen- und Leimfabriken, Verwerthung der Haut und Borsten, unter polizeilicher Aufsicht unschädlich zu beseitigen.

§ 15. Die unschädliche Beseitigung trichinenhaltiger Schweine und Fleischwaaren geschieht unter polizeilicher Aufsicht dadurch, daß bei Siedhitze alles nutzbare Fett ausgeschmolzen wird und die nicht ausgeschmolzenen Theile verbrannt, oder, wo dies ausführbar, auf chemischem Wege verwandt werden.

§ 16. Das Fleischwaarenbuch der Kaufleute und Händler (§ 3 der Pol.-Verord.) muß folgende spätestens 24 Stunden nach Eingang der Waare auszufüllende Rubriken enthalten: a) laufende Nummer, b) Tag des Eingangs, c) Benennung der Waare, d) Gewicht, e) Name und Ort der Bezugsquelle, f) Ort und Zeit der Untersuchung, g) das vom Fleischschauer eingetragene Ergebniß der Untersuchung, h) Bemerkungen. Die betreffenden Fracht- und Lieferungsscheine sind übereinstimmend mit der laufenden Nummer des Fleischwaarenbuchs zu nummeriren und als Belege des letzteren aufzubewahren.

§ 17. Die Gebühr für die Vornahme jeder amtlichen Untersuchung eines geschlachteten Schweines wird auf 1 Mark, die einer einzelnen Fleischwaare auf 50 Pfg. festgesetzt und ist vom Besitzer des Schweines bezw. der Waare zu tragen. Sind behufs Vornahme der Untersuchung Wege in einer Entfernung von mehr als 2 Kilometern zurückzulegen, so sind von dem Besitzer außer der vorgenannten Schaugebühr noch für jeden weiteren Kilometer 25 Pfg. zu zahlen.

§ 18. Fleischschauer, welche den Bestimmungen erlassener oder noch zu erlassender Verordnungen nicht genügen, bei der Untersuchung nicht mit der erforderlichen Gewissenhaftigkeit verfahren, die Vorschriften bezüglich der Gebühren-Erhebung verletzen, insbesondere eine niedrigere Gebühr, als die vorgeschriebene erheben, oder sonst zu Tadel Veranlassung geben, werden ihres Amtes entsetzt.

Mülheim am Rhein, den 28. Januar 1879.

Der Bürgermeister **Steinkopf.**

Regulativ
für die Erhebung der Hundesteuer in der Stadtbürgermeisterei Mülheim am Rhein.

Auf Grund der §§ 5 und 6 des Gesetzes über die Polizei-Verwaltung vom 11. März 1850 wird unter Bezugnahme auf die Allerhöchste Cabinets-Ordre vom 29. April 1829 sowie den § 49 der Städte-Ordnung vom 15. Mai 1856 und in Gemäßheit des Beschlusses der Stadtverordneten-Versammlung vom 16. März 1877 unter Aufhebung der Polizei-Verordnung vom 22. Januar 1863 für den Umfang der Bürgermeisterei Mülheim am Rhein über die Erhebung der Hundesteuer folgendes Regulativ erlassen:

§ 1. Für jeden Hund, welcher ein Alter von 3 Monaten erreicht hat, wird eine Steuer von jährlich 5 Mark entrichtet.

Der bloße Besitz eines Hundes begründet die Verpflichtung zur Zahlung der Steuer. Ob der Hund dem Besitzer eigenthümlich gehört oder nicht, ist gleichgültig.

Es ist Niemanden gestattet, angeblich zugelaufene Hunde bei sich zu behalten, ohne die Steuer dafür zu erlegen, oder den Nachweis zu liefern, daß der Hund vorschriftsmäßig versteuert ist.

§ 2. Die Steuer ist mittelst Vorausbezahlung in halbjährigen Terminen für die Zeiträume vom 1. April bis zum 31. August und vom 1. September bis zum 31. März, jedesmal mit 2 M. 50 Pfg. und zwar für das erste Halbjahr bis zum 15. April und für das zweite Halbjahr bis zum 15. September an die Ortsarmenkasse zu zahlen.

Wer innerhalb des halben Jahres einen steuerpflichtigen Hund anschafft, hat die volle Steuer für das laufende halbe Jahr und zwar innerhalb 14 Tagen nach Empfang des bez. Steuer-Auszuges zu bezahlen.

Abmeldungen im Laufe des halbjährigen Termins befreien erst von der Steuer des nächsten halben Jahres.

Wer einen Hund abschafft, oder durch den Tod oder auf andere Weise verliert und nicht abmeldet, bezahlt die Steuer fort.

§ 3. Befreit von der Hundesteuer sind:
a) Die Eigenthümer solcher Hunde, welche zur Bewachung entfernt und einzeln liegender Häuser, Mühlen und Gehöfte nothwendig gehalten werden müssen und dann auch nur, wenn der betr. Wachthund am Tage stets an der Kette liegt und Nachts in dem Gehöfte oder Hause so eingeschlossen ist, daß er dasselbe nicht verlassen kann.
b) Die Besitzer solcher Hunde, welche zum Gewerbe unentbehrlich sind, z. B. Hirtenhunde.
c) Die Nachtwächter für die zur nächtlichen Begleitung bestimmten Hunde; dieselben dürfen jedoch am Tage nicht im Freien und auf der Straße umherlaufen.

Jagd- und Metzgerhunde sind nicht von der Steuer befreit.

§ 4. Diejenigen, welche Hunde halten, mögen sie steuerpflichtig oder steuerfrei sein, sind verpflichtet, dieselben binnen 8 Tagen nach deren Anschaffung resp. nachdem der Hund das Alter von 3 Monaten erreicht hat, auf dem Bürgermeister-Amte anzumelden und gleichzeitig den Namen,

Stand oder Gewerbe und die Wohnung des Besitzers des Hundes, sowie die Gattung, das Geschlecht, die Farbe und Abzeichen des Hundes anzugeben. Ueber die geschehene Anmeldung wird dem Besitzer des Hundes eine zur Legitimation dienende Bescheinigung ertheilt.

§ 5. Wer auf Grund des § 3 Anspruch auf Steuerfreiheit zu haben glaubt, hat dies event. bei der Anmeldung besonders zu beantragen und näher zu begründen.

§ 6. Die Erhebung der Steuer geschieht auf Grund einer vom Bürgermeister festgestellten und executorisch erklärten Hundesteuer-Hebeliste durch den Armenkassen-Rendanten, welcher nach Empfang derselben jedem Steuerpflichtigen daraus einen Auszug sofort zuzufertigen hat.

Wird die Steuer zu den bestimmten Terminen nicht gezahlt, so wird dieselbe im Wege der administrativen Execution beigetrieben.

Bleibt die Execution fruchtlos, so verfällt der zu versteuernde Hund der Ortspolizeibehörde zur freien Verfügung.

§ 7. Wer einen Hund hält und ihn nicht binnen acht Tagen (§ 4) anmeldet, sich also durch Verheimlichung desselben der Steuer zu entziehen sucht, wird mit dem dreifachen Betrage der fälligen Steuer bestraft und hat außerdem die Steuer für das laufende halbe Jahr zu zahlen.

Im Falle des Unvermögens tritt verhältnißmäßige Haft, sowie der Verlust des verheimlichten, der polizeilichen Verfügung zu überlassenden Hundes ein.

§ 8. Durch gegenwärtiges Regulativ werden die allgemeinen polizeilichen Vorschriften über das Festlegen und Ueberwachen der Hunde nicht aufgehoben und bleiben diese nach wie vor in Kraft.

§ 9. Die Strafen fließen zur städtischen Armenkasse.

§ 10. Etwaige Reclamationen gegen die Hundesteuer sind beim Bürgermeister anzubringen und zwar binnen einer präclusivischen Frist von 4 Wochen nach Zustellung des Steuer-Auszuges.

Die Reclamation hält die Einziehung und Beitreibung der Steuer nicht auf.

Dieses Regulativ tritt nach Genehmigung durch die Kgl. Regierung und nach vorschriftsmäßig geschehener Publikation sogleich in Kraft.

Mülheim, den 16. März 1877.

Der Bürgermeister: **Steinkopf**.

Vorstehendes Hundesteuer-Regulativ, welches mittelst Verfügung der Königlichen Regierung in Köln vom 23. d. Mts. B 5572 genehmigt worden ist, wird hiermit zur öffentlichen Kenntniß gebracht.

Mülheim am Rhein, 29. März 1877.

Der Bürgermeister: **Steinkopf**.

Polizei-Verordnung.

Zur Bekämpfung der seit längerer Zeit in hiesiger Stadt herrschenden Diphtheritisepidemie wird hierdurch in Uebereinstimmung mit der Stadtverordnetenversammlung und der Sanitätskommission zur Ausführung der §§ 17 und 19 des Sanitätsregulativs vom 8. August 1835 auf Grund des § 143 des Gesetzes über die allgemeine Landesverwaltung vom 30. Juli 1883 und der §§ 5 und 6 des Gesetzes über die Polizei-Verwaltung vom 11. März 1850 polizeilich verordnet, daß fortan die Desinfektion aller Wohnungen, in welchen Diphtheritiserkrankungen vorgekommen sind, durch zwei eigens zu diesem Zwecke von der Stadt bestellte Personen nöthigenfalls im Zwangswege vorgenommen werden soll, insofern nicht durch ärztliches Attest nachgewiesen wird, daß die Desinfektion in den betreffenden Wohnungen schon vorschriftsmäßig erfolgt ist.

Allen betheiligten **Haushaltungsvorständen** sowie den **Herren Aerzten** wird daher hiermit zur Pflicht gemacht, von dem erfolgten Tode oder der Wiedergenesung eines Diphtheritiskranken das Bürgermeisteramt **sofort** — spätestens innerhalb 24 Stunden — zu benachrichtigen, damit nicht durch eine Verzögerung der Desinfektion der beabsichtigte Erfolg zum Theil vereitelt wird.

Uebertretungen dieser Polizei-Verordnung, welche mit ihrer Verkündigung in Kraft tritt, werden mit Geldstrafe bis zu 9 Mark oder mit entsprechender Haftstrafe geahndet.

Mülheim am Rhein, den 1. April 1893.

Der Bürgermeister: **Steinkopf.**

Vorstehende Polizei-Verordnung wird hierdurch mit dem Ersuchen an die betheiligten Haushaltungsvorstände bekannt gemacht, allen die Desinfektion betreffenden Anordnungen der Desinfektoren bereitwilligst Folge zu leisten und auf diesem Wege dazu mitzuwirken, daß der Fortdauer der Seuche mit Erfolg entgegengetreten wird.

Die Desinfektoren sind mit schriftlicher Vollmacht des Unterzeichneten versehen.

Mülheim am Rhein, den 1. April 1893.

Der Bürgermeister **Steinkopf.**

Instruction.

Zur Ausführung des Reichsgesetzes vom 14. Mai 1879 betr. den Verkehr mit Nahrungsmitteln u. s. w. und auf Grund Beschlusses der Stadtverordneten-Versammlung vom 9. Febr. 1885 ist für die Bürgermeisterei Mülheim am Rhein ein „städtisches Untersuchungsamt für Nahrungsmittel, Genußmittel und sonstige Gebrauchsgegenstände" hier errichtet, über dessen Einrichtung und Geschäftsbetrieb folgendes festgesetzt wird:

§ 1. Das Untersuchungsamt ist dazu bestimmt, technisch zu untersuchen:
1. ob Nahrungs- oder Genußmittel nachgemacht, verfälscht oder verdorben sind;
2. ob Gegenstände, welche bestimmt sind, Anderen als Nahrungs- oder Genußmittel zu dienen, derart hergestellt sind, daß ihr Genuß die menschliche Gesundheit zu zerstören oder zu beschädigen geeignet ist;
3. ob Bekleidungsgegenstände, Spielwaaren, Tapeten, Eß-, Trink- oder Kochgeschirr sowie Petroleum derart hergestellt sind, daß der bestimmungsmäßige oder vorauszusehende Gebrauch dieser Gegenstände die menschliche Gesundheit zu zerstören oder zu beschädigen geeignet ist.

§ 2. Die Untersuchungen erfolgen durch einen von der Stadt besoldeten und vom Bürgermeister angestellten eidlich verpflichteten Chemiker, welcher auch das Untersuchungs-Amt im Verkehr mit dem Publikum vertritt. Schreiben und sonstige schriftliche Ausfertigungen des Untersuchungs-Amts werden von dem Chemiker mit den Worten: „Städtisches Untersuchungs-Amt für Nahrungsmittel, Genußmittel und Gebrauchsgegenstände" und mit seinem Namen unterzeichnet.

§ 3. Die amtlichen Obliegenheiten des Chemikers umfassen:
1. die Untersuchung auf Verfälschung, Gehalt an gesundheitsschädlichen Stoffen und anomalen Zustand aller Nahrungsmittel ꝛc., die ihm zu dem Zwecke von der städtischen Polizeibehörde zugestellt werden;
2. ist es seine Aufgabe, die Polizeibehörde aus eigener Initiative auf die häufig vorkommenden Verfälschungen und Gefahr bringenden Stoffe aufmerksam zu machen;
3. verpflichtet sich der Chemiker, direkte Anträge zu genannten Untersuchungen von hiesigen Privaten und Geschäftsleuten zu den in dem nachstehenden Tarif enthaltenen Taxen auszuführen, soweit ihm Zeit dazu erübrigt.

§ 4. Die nach § 3, 1, von der Polizeibehörde dem Chemiker zugehenden Aufträge erstrecken sich:
1. auf die Untersuchung aller von der Polizeibehörde bei periodischen auf dem Markte, in Fabriken oder Kaufläden entnommenen, irgendwie verdächtigen Waaren,
2. auf die von der Polizeibehörde für ihre Rechnung in Kaufläden ꝛc. von Zeit zu Zeit zur Kontrole entnommenen Waaren,
3. auf solche Nahrungsmittel ꝛc., die der Polizeibehörde durch besondere Umstände als verdächtig übermittelt werden,
4. auf die der Polizeibehörde von ganz Unbemittelten zur Untersuchung eingereichten Nahrungsmittel ꝛc.

§. 5. Alle diese Untersuchungsobjekte werden auf dem Polizeibureau mit einer laufenden Nummer in ein Journal eingetragen und dann dem Chemiker ohne Bezeichnung des Einsenders zugestellt, nachdem zuvor nöthigenfalls eine Probe zur späteren Kontrole zurückgehalten ist. Diese Probe, sowie auch die dem Chemiker zugestellte, muß wohl verschlossen, bezeichnet und versiegelt sein. Letztere darf aber keine Bezeichnung haben, die auf den Ursprung der Probe schließen läßt.

§ 6. Die Polizeibehörde wird mit der Zustellung der nach § 4, 1, 3, 4 ihr zugekommenen Gegenstände, dem Chemiker zugleich die Verdachtsgründe mittheilen, die zur Untersuchung Veranlassung geben.

§ 7. Alle Untersuchungsanträge sind nach der Reihenfolge ihres Eingangs in ein von dem Chemiker zu führendes Geschäftsbuch unter Angabe der laufenden Nummer, des Tagesdatums, des Namens und der Wohnung des Antragstellers und des Gegenstandes der Untersuchung einzutragen.

Bei Anträgen von Privatpersonen ist zugleich, soweit möglich, die Bezugsquelle der Waaren zu konstatiren und im Geschäftsbuch zu notiren.

§ 8. Von allen dem raschen Verderben nicht ausgesetzten Untersuchungsproben ist, wenn möglich, ein genügender Theil für eine Nach-

Untersuchung zurückzubehalten, eine angemessene Zeit gesondert aufzubewahren und mit dem Namen des Auftraggebers bezw. der Verkaufsfirma zu versehen.

§ 9. Die Reihenfolge in der Vornahme der Untersuchungen richtet sich nach der Zeitfolge der Anträge, jedoch ist den Aufträgen der städtischen Behörde, insbesondere in Marktpolizei-Angelegenheiten das Vorzugsrecht einzuräumen.

Untersuchungen von Lebens- und Genußmitteln haben den Vorzug vor Untersuchungen von Gebrauchsgegenständen.

Bei der Art und Weise der Untersuchung bezw. dem Umfang derselben hat der Chemiker den praktischen Zweck im Auge zu behalten und die Untersuchung in möglichst kurzer Frist auszuführen.

Eine genaue qualitative und zugleich quantitative Analyse ist nur auf Erfordern vorzunehmen.

§ 10. Das Ergebniß der Untersuchung ist von dem Chemiker in sein Geschäftsbuch in kurzer und bestimmter Fassung einzutragen, auch daselbst der berechnete Taxpreis und die erfolgte Zahlung desselben zu vermerken. Dem Auftraggeber oder Antragsteller ist in versiegeltem Schreiben mitzutheilen, ob das untersuchte Nahrungsmittel oder ein anderer Gebrauchsgegenstand verdorben ist, ob es gesundheitsschädliche Stoffe enthält, ob es verfälscht und ob die Verfälschung gesundheitsschädlich ist.

§ 11. Der Chemiker hat sich zur Aufrechthaltung seiner Vertrauensstellung in Bezug auf das Resultat seiner Untersuchung strengstens aller unnöthigen Mittheilungen an Unbetheiligte zu enthalten.

§ 12. Für die nach § 3, III. auszuführenden Untersuchungen sind von Demjenigen, der sie beantragt hat, die Gebühren nachfolgender Taxe an den Chemiker zu bezahlen:

Tarif.

Nr.	Gegenstand der Untersuchung.	Ungefähre Menge, die einzuliefern ist.	Preis Mark
1	Milch	$1/4$ L.	2—10
2	Butter oder Schmalz	$1/10$ Kg.	3—10
3	Mehl	$1/5$ "	3—8
4	Brod	$1/5$ "	3—10
5	Zucker	$1/10$ "	3—5
6	Essig	$1/4$ L.	2—4
7	Kaffee und Surrogate	$1/10$ Kg.	3—8
8	Thee	$1/20$ "	3—8
9	Chocolade	$1/10$ "	4—8
10	Gewürze	$1/20$ "	4—8
10a	Gewürze, nur mikroskopische Untersuchung	$1/20$ "	2
11	Konditorwaaren	1—2 Stück	2—8
12	Fruchtsäfte	$1/4$ L.	3—8
13	Konserven (Fleisch und Gemüse in Büchsen)	1 Büchse	3—5
14	Wurst- und Fleischwaaren	$1/10$ Kg.	3—8
15	Trinkwasser	1 L.	2—15

Nr.	Gegenstand der Untersuchung.	Ungefähre Menge, die einzuliefern ist.	Preis Mark
16	Bier	1 L.	5—30
17	Wein	1 Flasche	5—25
18	Branntwein, Liqueure und Essenzen	$1/4$ L.	2—5
19	Petroleum	$1/4$ L.	2—10
20	Schnupftabak	25 Gr.	3
21.	Spielwaaren	1—2 Stück	2—8
22	Farben	$1/20$ Kg.	2—8
23	Topfglasur	1 Topf	3
24	Zinngeschirr (Küchengeschirr)	1 Stück	3
25	Tapeten	1—2 Qdcm	2—4
26	Kleiderstoffe	1—2 "	2—4
27	Seife	$1/20$ Kg.	2—6

Mülheim am Rhein, den 1. April 1885.

Der Bürgermeister: **Steinkopf.**

Reglement der städt. Desinfektionsanstalt
zu Mülheim am Rhein.

§ 1. Die neben dem städtischen Krankenhause errichtete städtische Desinfektionsanstalt wird geleitet von einem angestellten Desinfektor und steht unter der Oberaufsicht des Bürgermeisters sowie der ärztlichen Aufsicht des Leiters des städtischen Krankenhauses.

In derselben werden Kleider, Wäsche, Betten, Mobilargegenstände und sonstige Gegenstände, bei welchen die Behaftung mit ansteckenden Krankheitsstoffen angenommen wird, einem auf Unschädlichmachung dieser Stoffe abzielenden Reinigungsverfahren unterworfen.

§ 2. Die Desinfektion erfolgt der Regel nach mittelst heißen Dampfes und zwar in einem von der Firma Rietschel & Henneberg zu Berlin bezogenen Desinfektionsapparate. Pelzsachen, Schuhwerk, Filzhüte, Leder- und Gummisachen, sowie Holzmöbel werden nicht vermittelst heißer Dämpfe, sondern unter Anwendung von Chemikalien desinfizirt.

§ 3. Die zu desinfizirenden Gegenstände werden mittelst des verschlossenen Wagens von der Wohnung des Auftraggebers, soweit möglich, spätestens am Tage nach der Anmeldung abgeholt. Es ist den Auftraggebern untersagt, die Gegenstände selbst zur Desinfektionsanstalt zu befördern.

§ 4. Zum Zwecke der Anmeldung sind die abzuholenden Gegenstände auf dem hierfür vorgesehenen Formulare aufzuzeichnen; das Formular ist sodann mit der Unterschrift des Auftraggebers (Besitzers) der Gegenstände zu versehen und in doppelter Ausfertigung an die Adresse des Bürgermeisteramtes zu Mülheim am Rhein zu senden.

Die Formulare werden unentgeltlich auf dem Polizeibureau verabfolgt.

Die mit der Abholung beauftragte Person, welche sich auf Verlangen durch Vorzeigung des Verzeichnisses der Gegenstände zu legitimiren hat, stellt dem Auftraggeber eine Empfangsquittung aus.

§ 5. Für die Desinfektion sind folgende Gebühren zu entrichten, für deren Zahlung der Besitzer der aufgegebenen Gegenstände haftet.
- a) Desinfektion mittelst Dampf 4 Mark für jeden Kubikmeter des Raumes, welchen die Gegenstände im Desinfektionsapparat einnehmen, mindestens aber eine Mark.
- b) chemische Desinfektion 1 Mark für jede Arbeitsstunde, welche auf die Desinfektion verwendet wird, mindestens aber 50 Pfg.

Für das Abholen der Gegenstände aus den Wohnungen zur Anstalt findet eine besondere Berechnung nicht statt.

Die Zahlung der Gebühren erfolgt bei Zurücknahme der Gegenstände gegen Quittung des Desinfektors und werden die Gegenstände ohne Zahlung nicht ausgehändigt.

Unentgeltliche Desinfektion von Gegenständen wird gewährt, wenn
- a) den zugebrachten Sachen eine Bescheinigung des Armenbezirksvorstehers oder ein kurzer Vermerk des betreffenden Armenarztes beigefügt ist, wonach die Gegenstände einer in Mülheim am Rhein wohnenden unbemittelten Person gehören und daß dieselbe mit der genau zu bezeichnenden ansteckenden Krankheit behaftet war;
- b) wenn Hebammen in Fällen von Kindbettfieber auf polizeiliche Anweisung, um weitere Uebertragung zu verhüten, ihre Kleider desinfiziren müssen.

§ 6. Die Zurücknahme der Gegenstände muß längstens am dritten Tage nach erfolgter Uebergabe derselben bewirkt werden. Als zum Empfange legitimirt kann jeder Inhaber der unter 4 bezeichneten Quittung angesehen werden; jedoch wird das Recht der Prüfung der Empfangsberechtigung vorbehalten.

In Verspätungsfällen hat der Besitzer eine besondere Lagergebühr von 25% der zur Anrechnung gelangenden Desinfektionsgebühr für jeden Tag der Verspätung zu entrichten, auch die Zustellung der Gegenstände auf seine Gefahr und Kosten zu gewärtigen.

§ 7. Die Stadt haftet für das Abhandenkommen oder die Beschädigung der der Desinfektionsanstalt übergebenen Sachen nur bei nachgewiesener arglistiger Handlungsweise ihrer Angestellten.

§ 8. Auswärtigen ist die Benutzung der Desinfektionsanstalt nur nach jedesmaliger besonderer Vereinbarung gestattet.

Mülheim am Rhein, den 25. August 1893.

Der Bürgermeister **Steinkopf**.

―――

Genehmigt durch Beschluß der Stadtverordneten-Versammlung vom 28. August 1893.

―――

Polizei-Verordnung.

Auf Grund der §§ 5 und 6 des Gesetzes über die Polizeiverwaltung vom 11. März 1850 wird von dem unterzeichneten Bürgermeister für den

Umfang der Stadtgemeinde Mülheim am Rhein hierdurch nachstehende Polizei-Verordnung erlassen:

§ 1. Die Beschädigung der öffentlichen Einrichtungen und Gegenstände der hiesigen Wasserleitung, sowie das unbefugte Oeffnen der Verschlußkästen derselben wird hierdurch polizeilich untersagt.

§ 2. Zuwiderhandlungen gegen diese Polizei-Verordnung unterliegen einer Geldstrafe von 3 bis 9 Mark, und im Zahlungsunvermögensfalle verhältnißmäßiger Haftstrafe.

§ 3. Gegenwärtige Polizei-Verordnung, welche am hiesigen Rathhause angeschlagen ist und acht Tage lang bleiben wird, tritt sofort nach Publikation in Kraft.

Mülheim am Rhein, den 11 Januar 1876.

Der Bürgermeister **Kaiser**.

Polizei-Verordnung
betreffend den Betrieb der Pferde-Eisenbahn (Straßenbahn) in den Gemeinden Mülheim am Rhein und Deutz.

Zur Regelung des Betriebes der Pferde-Eisenbahn (Straßenbahn) in den Gemeinden Mülheim am Rhein und Deutz werden auf Grund der §§ 5 und 6 des Gesetzes über die Polizei-Verwaltung vom 11. März 1850, sowie der §§ 37 und 76 der Gewerbe-Ordnung vom 21. Juni 1869 folgende Polizei-Vorschriften erlassen:

I. Pflichten des Unternehmers.
A. Betriebs-Personal.

§ 1. Beim Betriebe der Pferde-Eisenbahn dürfen als Wagenführer und Kutscher nur solche Personen beschäftigt werden, welche Fahrscheine von der Polizei-Behörde in Mülheim erhalten haben. Der Fahrschein wird nur Personen ertheilt, welche mindestens 18 Jahre alt, zuverlässig und nicht mit auffälligen körperlichen oder geistigen Gebrechen behaftet sind. Kutscher haben überdies nachzuweisen, daß sie des Fahrens und der Behandlung der Pferde kundig sind.

Die Annahme und Entlassung von Wagenführern und Kutschern hat der Pferdebahn-Unternehmer der Polizeibehörde in Mülheim binnen 24 Stunden schriftlich anzuzeigen. Wagenführer und Kutscher, denen der Fahrschein entzogen worden ist, (§ 41) dürfen als solche nicht ferner beschäftigt werden.

§ 2. Ueber das Betriebs-Personal (Wagenführer und Kutscher) hat der Unternehmer Nachweisungslisten zu führen. Dieselben sind der Polizeibehörde in Mülheim zur vorgängigen Prüfung einzureichen, den Polizeibeamten auf Verlangen zur Einsicht vorzulegen und dürfen weder unleserlich gemacht, noch ohne polizeiliche Erlaubniß ganz oder theilweise vernichtet werden.

Die Richtigkeit der darin enthaltenen Angaben hat der Unternehmer zu vertreten.

§ 3. Der Unternehmer ist unter eigener Verantwortlichkeit für die richtige und pünktliche Bestellung verpflichtet, an Wagenführer und Kutscher ergehende polizeiliche Vorladungen und Verfügungen entgegen zu nehmen und dem Betreffenden zu behändigen.

§ 4. Wird die Beförderung von Waaren (Packeten) auf der Pferde-Eisenbahn eingerichtet, so sind dafür besondere Wagen einzustellen. Für jedes Stück ist eine Marke auszugeben.

§ 5. Für Wagenführer und Kutscher hat der Unternehmer eine Dienstkleidung einzuführen. Dieselbe unterliegt hinsichtlich der Form, Farbe und Abzeichen der Genehmigung der Polizeibehörden von Mülheim und Deutz. Als nothwendiges Abzeichen ist jedem Wagenführer und Kutscher eine bestimmte Nummer beizulegen, welche vorn an der Kopfbedeckung getragen wird.

B. Betriebs-Material.

a. Wagen.

§ 6. Die Wagen müssen haltbar gebaut und derart eingerichtet sein, daß das Ein- und Aussteigen gefahrlos und bequem erfolgen kann.

Jeder Wagen muß versehen sein mit:
a) zwei weitleuchtenden Laternen, je einer an der Vorder- und an der Rückseite; mittelst derselben kann zugleich das Innere des Wagens erhellt werden;
b) einer Zugleine oder ähnlichen Vorrichtung, mittelst welcher ein Signalverkehr zwischen dem Wagenführer und dem Kutscher stattfinden kann;
c) einer kräftig wirkenden Bremsvorrichtung, deren Handhaben dem Kutscherplatz so nahe liegen, daß sie von dort aus leicht angezogen werden können;
d) einer rothweißen Signalscheibe.

Die Wagen erhalten fortlaufende Nummern. Behufs der Feststellung, ob Bauart und Einrichtungen diesen Vorschriften entsprechen, sowie der Bestimmung über Zahl und Vertheilung der Plätze, wird jeder Wagen einer Prüfung durch die Polizeibehörde in Mülheim unterworfen, und sobald dieselbe befriedigend ausgefallen, wird die Betriebs-Erlaubniß für diesen Wagen ertheilt. Wagen, für welche diese Erlaubniß nicht ertheilt ist, dürfen nicht in Betrieb gesetzt werden.

§ 7. An den Kopfseiten des Wagens ist die Nummer desselben sowie die Zahl der vorhandenen Plätze in augenfälliger Schrift anzubringen.

Auf jeder Außenseite des Wagens muß die Tour-Fahrt angegeben sein.

Im Innern muß der zur Zeit gültige, mit dem Beglaubigungsvermerk der Polizeibehörden versehene Fahrplan nebst Tarif (§ 10) sowie ein Abdruck der Bestimmungen der §§ 34 und 35 dieser Verordnung aushängen.

b. Pferde und Geschirre.

§ 8. Die Pferde müssen vollkommen diensttauglich sein. Als untauglich gelten namentlich solche, welche mit ansteckenden Krankheiten oder äußeren Schäden behaftet, unkräftig, lahm oder abgetrieben sind. Die Geschirre müssen haltbar und zweckdienlich eingerichtet sein.

§ 9. Betriebs-Material, dessen Zustand den obigen Vorschriften nicht entspricht, wird vom Betriebe ausgeschlossen. Die Ausschließung erfolgt gültig mittelst schriftlicher Eröffnung von Seiten der Polizeibehörde in

Mülheim. Betriebsmaterial, welches aus irgend einem Grunde als unbedingt oder bedingt unbrauchbar ausgeschlossen worden ist, darf zum Betriebe nicht mehr, beziehungsweise nicht eher wieder benutzt werden, als bis die Ursachen der Ausschließung beseitigt sind.

§ 10. Der Betrieb regelt sich nach dem Fahrplan. Die Fahrpreise werden durch den Tarif festgestellt.

Fahrplan und Tarif unterliegen der Genehmigung der Polizeibehörden von Mülheim und Deutz.

Sie werden in ortsüblicher Weise durch die öffentlichen Blätter bekannt gemacht und bilden alsdann ein Zubehör dieser Verordnung.

Abweichungen von dem bestehenden Fahrplan sind nur insofern gestattet, als zwischen die fahrplanmäßigen Züge, jedoch ohne Verminderung oder Verlegung derselben, noch andere Züge, je nach dem vorhandenen Verkehrsbedürfniß, eingelegt werden.

Abweichungen von dem Tarife sind nicht gestattet. Der mit dem Beglaubigungsvermerke der Polizeibehörden versehene Fahrplan nebst Tarif ist auf den Endstationen auszuhängen.

§ 11. Jeder Bahnzug besteht nur aus einem Wagen. Mehrere Wagen durch ein und dasselbe Gespann zu befördern, ist untersagt.

Fahren zwei Bahnwagen unmittelbar hinter einander, so ist auf dem ersten zum Zeichen dessen eine roth-weiße Signalscheibe anzubringen.

§ 12. Während der Stunden, in welchen der Betrieb ruht, dürfen keine Wagen auf den öffentlichen Straßen stehen.

§ 13. Die Bahn ist an denjenigen Punkten, welche die Polizeibehörden dem Unternehmer bezeichnen werden, während der Dunkelheit genügend zu beleuchten.

§ 14. Die Signale erfolgen durch eine Glocke. Jedes Pferd muß während der Fahrt ein Schellengeläute tragen.

§ 15. Für die Reinhaltung des Bahnkörpers in einer Breite von 2,5 Meter von allen den Eisenbahn-Verkehr hindernden Gegenständen, insbesondere von Schmutz, Schnee oder Eismassen und für die rechtzeitige Wegschaffung derselben hat der Unternehmer zu sorgen.

§ 16. Ueber alle Vorkommnisse, welche den regelmäßigen Gang des Betriebes stören oder unterbrechen, hat der Unternehmer der betreffenden Polizeibehörde binnen 24 Stunden schriftliche Anzeige zu machen.

II. **Pflichten des Betriebs-Personals.**

A. Gemeinsame.

§ 17. Wagenführer und Kutscher dürfen keinem Dritten ihren Fahrschein (§ 1) zur Benutzung überlassen.

§ 18. Jeden Wechsel ihrer Wohnung haben sie binnen 24 Stunden dem Unternehmer anzuzeigen.

§ 19. Während der Dienststunden müssen sie
 a) ihren Fahrschein (§ 1) bei sich führen;
 b) die von dem Unternehmer eingeführte Dienstkleidung (§ 5) tragen.

§ 20. Ihr Betragen gegen das Publikum muß höflich und bescheiden sein.

Das Anrufen von Personen, um dieselben zur Mitfahrt zu veranlassen, sowie das Tabakrauchen während der Fahrt ist untersagt.

§ 21. Den auf den Bahnbetrieb bezüglichen Weisungen der Polizeibeamten haben Wagenführer und Kutscher unbedingt nachzukommen.

B. Besondere.
a. des Wagenführers.

§ 22. Der Wagenführer hat dafür zu sorgen, daß sein Wagen:
a) die planmäßigen Abfahrtszeiten inne hält;
b) während der Dunkelheit vollständig erleuchtet ist;
c) während der Fahrstunden im Innern reinlich gehalten wird.

§ 23. Außer solchen Personen, welche betrunken sind oder die Mitfahrenden durch abstoßende Krankheitserscheinungen oder unreinliches Aeußere belästigen würden, darf der Wagenführer keinem die Mitfahrt verweigern. Dagegen darf er weder mehr als die bestimmungsmäßige Personenzahl (§ 7) zulassen, noch Mitnahme von Hunden, oder solchem Handgepäck, gestatten, welches durch seinen Umfang, üblen Geruch oder seine schmutzige Beschaffenheit den Fahrgästen lästig werden könnte. Ebensowenig darf er gestatten, daß weibliche Personen die Deckplätze einnehmen.

§ 24. Der Wagen muß, wenn Fahrgäste ein- und aussteigen wollen, auf Verlangen halten, mit Ausnahme folgender Stellen:

Unmittelbar vor und hinter den Haltestationen, in den Geleiskurven, beim Einfahren in die Ausweichen, auf den Straßen und Eisenbahn-Uebergängen.

Das Zeichen zum Weiterfahren darf der Wagenführer nicht eher geben, als bis der Einsteigende Platz genommen, beziehungsweise der Aussteigende die Erde erreicht hat.

Den Fahrgästen, namentlich Kindern, weiblichen, alten und schwächlichen Personen hat er beim Ein- und Aussteigen behülflich zu sein.

§ 25. Der Wagenführer hat jedesmal vor den Eisenbahn-Uebergängen sich durch Umschau rechtzeitig davon zu überzeugen, daß dieselben ohne Gefahr von dem Wagen passirt werden können. Bevor dies geschehen, darf der Wagen die Eisenbahn-Uebergänge nicht durchfahren.

§ 26. Unter keinem Vorwande darf der Wagenführer höhere, als die tarifmäßigen Fahrpreise fordern.

§ 27. Der Wagenführer hat auf die Beobachtung der Vorschriften der §§ 34 und 35 mit Strenge zu halten; Fahrgäste, welche seinen Weisungen ungeachtet, denselben zuwider handeln oder die Mitfahrenden durch Roheiten oder Unanständigkeiten belästigen, aus dem Wagen zu entfernen und zu diesem Behufe nöthigenfalls die Mitwirkung der Polizeibeamten in Anspruch zu nehmen.

§ 28. Sofort nach dem Eintreffen des Wagens auf den Endpunkten der Linie hat der Wagenführer denselben genau zu durchsuchen und zurückgebliebene Effekten den betreffenden Fahrgästen, wenn solche noch anwesend, auf der Stelle zu behändigen, andernfalls aber sorgsam zu verwahren und spätestens am nächsten Morgen dem Unternehmer zu übergeben, welcher verpflichtet ist, den Eigenthümer möglichst zu ermitteln ev. aber durch die Polizeibehörde ermitteln zu lassen.

§ 29. Außerordentliche Vorfälle, welche den Bahnbetrieb berühren, namentlich Störungen und Unterbrechungen der planmäßigen Fahrten, hat der Wagenführer sofort zur Kenntniß des Unternehmers zu bringen.

b. des Kutschers.

§ 30. Der Kutscher darf während der Fahrt den ihm angewiesenen Platz nicht verlassen.

Der Kutscher hat alle Vorsicht anzuwenden, um Zusammenstöße mit anderem Fuhrwerk zu vermeiden; bei eintretender Befürchtung solcher Zusammenstöße hat er mit seinem Wagen still zu halten.

Der Kutscher darf die Eisenbahn-Uebergänge nicht früher durchfahren, als bis ihm von dem Wagenführer ein Zeichen gegeben worden ist, daß dieselben ohne Gefahr passirt werden können (§ 25).

§ 31. In schnellerer Gangart als im Trabe zu fahren, ist untersagt.

Schritt muß gefahren werden bei der Annäherung an Straßenkreuzungen, Eisenbahn-Uebergängen und Thorfahrten; dagegen sind die Straßenkreuzungen selbst sowie die Eisenbahn-Uebergänge im Trabe zu durchfahren, soweit nicht zu erhebliche Kurven das Fahren im Schritt bedingen. Auf abschüssigen Bahnstrecken ist von der Bremse Gebrauch zu machen.

§ 32. Der Kutscher hat die Signale zu geben. Dieselben bestehen im Läuten mit einer Glocke und werden gegeben:

a) vor dem Passiren der Straßenkreuzungen und Eisenbahn-Uebergänge, sowie vor dem Eintritt in die Thorpassagen und während der Durchfahrt durch dieselben;

b) sobald Hindernisse auf der Bahn bemerkt werden.

§ 33. Den Weisungen des Wagenführers, insbesondere hinsichtlich des schnelleren und langsameren Fahrens und des Anhaltens hat der Kutscher pünktlich Folge zu leisten.

III. Bestimmungen für die Fahrgäste.

§ 34. Das Tabakrauchen ist nur auf den Außenplätzen gestattet. Lärmen, Singen und Musiciren der Fahrgäste ist untersagt.

§ 35. Das tarifmäßige Fahrgeld ist während der Fahrt zu entrichten.

IV. Bestimmungen für das Publikum.

§ 36. Beim Ertönen der Bahnsignale (§§ 14 und 31) hat das Publikum sich überall von der Bahn zu entfernen. Reiter, Fuhrwerk und Viehtransporte müssen dem entgegenkommenden Bahnwagen vollständig und so zeitig ausweichen, daß die Begegnung desselben nicht gefährdet oder aufgehalten wird.

Ebenso hat das in derselben Richtung, wie der Bahnwagen fahrende Fuhrwerk auf das Signal des Kutschers das Bahngeleis sofort zu verlassen und bei Seite zu fahren. Soweit die Bahn auf der Mitte der Straße liegt, haben Reiter, Fuhrwerke und Viehtransporte sich stets rechts zu halten.

§ 37. Durch das Auf- und Abladen von Gütern, durch die Reinigung von Latrinen, sowie durch das Niederlegen von Bau-Materialien, Kohlen, Koaks und sonstigen Gegenständen darf der Betrieb der Pferdebahn nicht behindert werden.

Liegt die Bahn nicht in der Mitte, sondern auf einer Seite der Straße, so darf das Auf- und Abladen von Gütern, das Niederlegen von Baumaterialien und dergleichen nur auf der entgegengesetzten Straßenseite vorgenommen werden. Im Besondern dürfen Fuhrwerk und Vieh in der Nähe der Geleise der Pferdebahn nicht aufsichtslos gelassen werden oder stehen bleiben.

§ 38. Das Nachahmen der Signale der Pferdebahn ist verboten. Muthwillige oder fahrlässige Störung oder Gefährdung des Bahnbetriebes ist strafbar.

V. Polizeiliche Beaufsichtigung.

§ 39. Inspektoren, Wagenführer und Kutscher haben den auf den Bahnbetrieb bezüglichen, in Gemäßheit dieser Verordnung an sie ergehenden Vorladungen und Weisungen der Polizei-Beamten unbedingt Folge zu leisten.

VI. Strafbestimmungen.

§ 40. Uebertretungen der vorstehenden Bestimmungen, soweit sie in den allgemeinen Gesetzen nicht mit höheren Strafen bedroht sind, werden mit Geldbuße von 3 bis zu 9 Mark, im Unvermögensfalle mit entsprechender Haft bestraft.

§ 41. Abgesehen von den in Gemäßheit des § 39 verwirkten Strafen werden Wagenführer und Kutscher durch Entziehung des Fahrscheines von der Beschäftigung beim Bahnbetriebe ausgeschlossen, wenn die Unrichtigkeit der Nachweise dargethan wird, auf Grund deren der Fahrschein ertheilt worden, oder wenn aus Handlungen oder Unterlassungen des Inhabers der Mangel der erforderlichen und bei Ertheilung der Erlaubniß vorausgesetzten Eigenschaften klar erhellt; insbesondere wenn der Inhaber:

a) während des Dienstes in trunkenem Zustande betroffen wird;
b) gegen Fahrgäste sich ungebührlich beträgt;
c) den Tarif überschreitet;
d) der Vorschrift des § 27 zuwider die Ablieferung gefundener Effekten unterläßt;
e) andere Vorschriften dieser Verordnung wiederholt übertritt.

Die Ausschließung erfolgt endgültig durch Entscheidung der Polizeibehörde von Mülheim am Rhein und Deutz.

VII. Inkrafttreten der Verordnung.

§ 42. Vorstehende Polizeiverordnung tritt nach erfolgter Publikation sofort in Kraft.

Mülheim am Rhein und Deutz, den 20. Febr. 1882.

Der Bürgermeister von Mülheim,   Der Bürgermeister von Deutz,
Steinkopf.   **Reisch.**

Fahrplan und Tarif für die Pferde-Eisenbahn
von Mülheim am Rhein nach Deutz und umgekehrt.

a. Fahrplan.

Die Wagen der Pferde-Eisenbahn fahren bis auf Weiteres von der (oberen) Freiheitstraße (am Krahnen) in Mülheim am Rhein bis zur Schiffbrücke in Deutz und umgekehrt täglich in folgender Weise:

Abfahrt von

a. Mülheim.

erster Wagen um 5^{55} Uhr Morgens,

zweiter Wagen um 6⁵⁵ Uhr Morgens,
dritter Wagen um 7²⁵ Uhr Morgens.
b. Deutz
erster Wagen um 6³⁰ Uhr Morgens,
zweiter Wagen um 7³⁰ Uhr Morgens,
dritter Wagen um 8 Uhr Morgens,
und von da ab jede Viertelstunde ein Wagen bis
a. Mülheim
vorletzter Wagen um 10¹⁰ Uhr Nachts,
letzter Wagen um 10⁴⁰ Uhr Nachts.
b. Deutz
vorletzter Wagen um 10⁴⁵ Uhr Nachts,
letzter Wagen um 11¹⁵ Uhr Nachts.

In den Wintermonaten d. i. vom 15. Oktober bis zum 1. April fallen die ersten Wagen Morgens um 5⁵⁵ Uhr von Mülheim und um 6³⁰ Uhr von Deutz aus.

Haltestellen sind:
a. in Mülheim:
1. auf der Freiheitstraße am Krahnen.
2. auf der Deutzerstraße an der Kämmerlingsgasse.
3. auf der Wallstraße am Bachplatz.

b. in Deutz.
1. auf der Freiheitstraße in der Nähe der Schiffbrücke.
2. auf der Mülheimerstraße an dem Hause Nr. 1. (Wirthschaft von Höller).

b. Fahrgeld-Tarif:
für jede Person: a. von Mülheim.

1. vom Ende der Bahn bis in die innere Stadt Deutz — 25 Pf.
2. von der Stöckergasse bis — 20 Pf.
3. von der Haltestelle an dem Hause Mülheimerstraße Nr. 1 (Deutz) bis in die innere Stadt Deutz — 15 Pf.
4. innerhalb der Stadt Mülheim bis zum Uebergang der Bergisch-Märkischen Eisenbahn in Deutz auf der Mülheimerstraße — 10 Pf.

b. von Deutz.
1. von der Freiheitstraße an der Schiffbrücke bis Ende der Bahn in Mülheim — 25 Pf.
2. von ebendaselbst bis zur Haltestelle an dem Hause Mülheimerstraße Nr. 1 — 15 Pf.
3. von ebendaselbst bis zur Wallstraße am Bachplatz in Mülheim — 20 Pf.
4. vom Uebergang der Bergisch-Märkischen Eisenbahn bis Ende der Bahn in Mülheim — 10 Pf.

Für eine Fahrt mit den Nachtwagen sind nach 10 Uhr Abends ein Zuschlag von 10 Pfg. zu vorstehenden Fahrpreisen und nach 11 Uhr Abends der doppelte Fahrpreis zu zahlen.

Kinder unter 10 Jahren, sowie Schulkinder auf dem Wege nach und von der Schule zahlen nur 10 Pfg.

Schooßkinder oder Kinder unter 3 Jahren sind von der Entrichtung des Fahrgeldes befreit.

Die höchst zulässige Personenzahl beträgt für

a. den geschlossenen Wagen im Innern   14 Personen.
   8 Personen auf jedem Perron = 16 „
   Sa. = 30 Personen.

b. den großen offenen Sommerwagen
   auf den Bänken 28 Personen.
   auf den Stehplätzen vorn und hinten je 4 = 8 „
   Sa. = 36 Personen.

c. den kleinen offenen Sommerwagen
   auf den Bänken 20 Personen.
   auf den Stehplätzen 8 „
   Sa. = 28 Personen.

Mülheim a. Rh. und Deutz, den 20. Februar 1882.

Der Bürgermeister, **Steinkopf.**   Der Bürgermeister, **Reisch.**

Bekanntmachung.

Auf Grund der §§ 5 und 6 des Gesetzes über die Polizei-Verwaltung vom 11. März 1850, sowie des § 37 der Gewerbe-Ordnung vom 21. Juni 1869 wird der § 25 der Polizei-Verordnung vom 20. Februar 1882 über den Betrieb der Pferde-Eisenbahn (Straßenbahn) in den Gemeinden Mülheim am Rhein und Deutz hierdurch aufgehoben und an Stelle desselben Folgendes verordnet:

§ 25. Der Wagenführer hat jedesmal vor den Eisenbahn-Uebergängen sich durch Umschau rechtzeitig davon zu überzeugen, daß dieselben ohne Gefahr von dem Wagen passirt werden können, und zu dem Zwecke sich von den dortselbst postirten Bahnwärtern jedesmal einen Passirschein oder eine Marke einhändigen zu lassen.

Bevor dies geschehen, darf der Wagen die Eisenbahn-Uebergänge nicht durchfahren.

Zuwiderhandlungen gegen diese Verordnung unterliegen den in den §§ 40 und 41 der gedachten Polizei-Verordnung angedrohten Strafen.

Vorstehende Verordnung tritt gleich nach erfolgter Publikation in Kraft.

Mülheim am Rhein und Deutz, den 6. März 1884.

Der Bürgermeister von Mülheim, **Steinkopf.**

Der Bürgermeister von Deutz, **Reisch.**

Polizei-Verordnung.

Auf Grund der Bestimmungen der §§ 5 und 6 des Gesetzes über die Polizei-Verwaltung vom 11. März 1850 wird hierdurch für den Umfang der hiesigen Stadtgemeinde Folgendes verordnet:

§ 1. Das Ablagern von Unrath, Mist, Stroh, Abfällen und Materialien aller Art sowie das unbefugte Aufstellen und Hinlegen von Gegenständen auf den Werftanlagen hierselbst sowie auf dem in der Anschüttung begriffenen Theile des städtischen Rheinwerfts oberhalb des sogenannten Pulverthürmchens (gegenüber der Krummgasse) und auf den Uferböschungen des Rheines ist untersagt.

§ 2. Es ist verboten, auf den mit Bäumen bepflanzten Werftanlagen zu fahren oder zu reiten mit Steinen zu werfen oder sonstigen Unfug zu treiben, wodurch die Baumpflanzungen, Gaskandelaber oder sonstige öffentlichen Anlagen beschädigt oder die Spaziergänger belästigt werden können.

§ 3. Zuwiderhandlungen gegen die Bestimmungen der §§ 1 und 2 werden, soweit nicht bestehende Strafbestimmungen ein höheres Strafmaß festsetzen, mit Geldstrafe bis zu 9 Mark, im Unvermögensfalle mit verhältnißmäßiger Haft bestraft. Außerdem hat im Falle der Uebertretung des § 1 der Schuldige die Beseitigung der verbotenen Ablagerungen ꝛc. auf seine Kosten im polizeilichem Wege zu gewärtigen.

§ 4. Gegenwärtige Polizei-Verordnung, welche heute am hiesigen Rathhause angeschlagen worden ist und solches acht Tage lang bleiben wird, tritt nach Veröffentlichung sofort in Kraft.

§ 5. Die Polizei-Verordnung vom 25. September 1885, betr. das Ablagern von Unrath pp. auf den Plätzen der Werftanlage hierselbst, wird, soweit dieselbe den vorstehenden Bestimmungen entgegensteht, hierdurch aufgehoben.

Mülheim am Rhein, den 26. November 1887.

Der Bürgermeister, **Steinkopf**.

Polizei-Verordnung
betreffend die Bezeichnung der Straßen und öffentlichen Plätze, sowie die Nummerirung der Häuser in der Stadt Mülheim am Rhein.

Auf Grund der §§ 5 und 6 des Gesetzes über die Polizeiverwaltung vom 11. März 1850, des § 31 der hiesigen Orts-Baupolizei-Verordnung vom 5. Mai 1873 und Beschlusses der Stadtverordneten-Versammlung vom 15. Mai d. J. wird für den Umfang der Stadt Mülheim am Rhein nachstehende Polizei-Verordnung erlassen:

§ 1. Alle Straßen und öffentlichen Plätze müssen mit ihrem Namen örtlich gekennzeichnet, alle Gebäude mit ihrer Nummer versehen sein.

§ 2. Die Namen der Straßen und Plätze werden an geeigneten Stellen auf dunkelblau-, die Hausnummern auf schwarz-emaillirten Tafeln mit weißer Schrift angebracht.

§ 3. Jede Straße und jeder öffentliche Platz wird für sich nummerirt.

§ 4. Die Nummerirung der Häuser geschieht in den Straßen, welche senkrecht oder annähernd senkrecht zur Stromrichtung des Rheines laufen, in der Richtung vom Rheine aus, bei den mit dem Rheine gleich oder annähernd gleich laufenden Straßen in der Stromrichtung, und zwar werden die Häuser der Reihenfolge nach auf der rechten Seite mit geraden, auf der linken Seite mit ungeraden Nummern versehen.

§ 5. Jeder Hauseigenthümer ist verpflichtet, zu gestatten, daß an seinem Besitzthum der Straßenname und die Hausnummer an geeigneter Stelle angebracht wird.

§ 6. Die Haus-Nummerirung erfolgt auf Grund des hierzu besonders angefertigten Planes. Letzterer ist für bis jetzt nicht bebaute Grundstücke und Straßen in Bauplätze eingetheilt.

§ 7. Die Straßenbezeichnung und die Hausnummerirung wird von einer durch die Polizeibehörde dazu bestellten Person ausgeführt. Jedem Anderen ist es untersagt, Straßenbezeichnungen oder Hausnummern anzubringen, auszulöschen, zu verändern, oder zu erneuern.

Diese Arbeiten werden unter der Mitverantwortlichkeit und nächsten Aufsicht des Stadtbauamtes und auf Grund eines von demselben für jeden einzelnen Fall zu ertheilenden schriftlichen Auftrages besorgt.

Das Stadtbauamt wird das Verzeichniß der Straßenbenennungen und Hausnummern fortführen und jede Veränderung vermerken.

§ 8. Jeder Hauseigenthümer ist verpflichtet, der Polizeibehörde sofort Anzeige zu machen, wenn die Anfertigung einer neuen, die Löschung, Veränderung oder Erneuerung einer alten Hausnummer nöthig wird. Neue Häuser werden nummerirt, sobald sie bewohnbar geworden sind.

§ 9. Die Kosten der Beschaffung und der Befestigung der Hausnummern werden von der Polizeibehörde festgesetzt und sind an den Nummerirer sofort nach ausgeführter Arbeit gegen Quittung zu entrichten.

Im Falle der Zahlungsverweigerung werden dieselben im Wege des Verwaltungszwangsverfahrens beigetrieben.

§ 10. Für alle Beschädigungen, welche durch die Schuld des Nummerirers in seinen Verrichtungen an Gebäulichkeiten entstehen, bleibt derselbe den betreffenden Eigenthümern gegenüber verantwortlich.

§ 11. Zuwiderhandlungen gegen diese Verordnung werden mit einer Geldstrafe bis zu 9 Mark oder verhältnißmäßiger Haft bestraft.

Vorstehende Polizei-Verordnung, welche von morgen ab während 8 Tagen an dem Stadthause hierselbst zur öffentlichen Kenntniß angeschlagen sein wird, tritt mit dem Ablaufe des Tages nach demjenigen, an welchem die dieselbe enthaltende Nummer der Mülheimer Zeitung (amtliches Kreisblatt) erschienen ist, in Kraft.

Mülheim am Rhein, den 26. Juni 1888.

Der Bürgermeister **Steinkopf**.

Polizei-Verordnung

betreffend die Beschaffenheit derjenigen Straßen und Straßentheile, welche für den öffentlichen Verkehr und den Anbau als fertiggestellt anzusehen sind.

Auf Grund der §§ 5 und 6 des Gesetzes über die Polizei-Verwaltung vom 11. März 1850 und in Gemäßheit der §§ 143 und 144 des Gesetzes über die allgemeine Landesverwaltung vom 30. Juli 1883, sowie mit Bezug auf § 12 des Gesetzes vom 2. Juli 1875, werden für den Bezirk der Stadtgemeinde Mülheim am Rhein folgende baupolizeiliche Bestimmungen erlassen.

I. Allgemeine Bestimmungen.

§ 1. Alle Straßen und Straßentheile im Umfange des bestehenden Bebauungsplanes des Gemeindebezirkes Mülheim am Rhein, sowie fortschreitend mit der im § 7 des Gesetzes vom 2. Juli 1875 vorgesehenen Offenlegung des erweiterten Bebauungsplanes, welche dem öffentlichen Verkehr und dem Anbau dienen sollen, müssen in der Regel bei beiderseitiger Bebauung eine Breite von mindestens 15 Meter und bei einseitiger Bebauung eine solche von mindestens 12,5 Meter haben und von zwei vorhandenen öffentlichen Straßen begrenzt sein. Abweichungen von den angegebenen Straßenbreiten können nur ausnahmsweise und dann auch nur mit Genehmigung der Stadtverordneten=Versammlung zugelassen werden. Die Anlage von Sackstraßen ist nicht gestattet.

Jede Straße muß eine dem Umfange des Verkehrs entsprechende Fahrbahn und zu beiden Seiten derselben Bürgersteige, welche von den Besitzern der angrenzenden Grundstücke ordnungsmäßig zu unterhalten sind, und Rinnen, sowie die nöthigen Beleuchtungsanlagen und die sonst etwa erforderlichen Entwässerungsanlagen besitzen.

Die Befestigung der Fahrbahn und Bürgersteige, sowie die Anlage der erforderlichen Entwässerungs=Vorrichtungen muß so fertiggestellt werden, daß sie folgenden Vorschriften Genüge leisten:

II. Besondere Bestimmungen.

A. Fahrbahn.

Gefälle.

§ 2. Das Längengefälle der Fahrbahn darf in der Regel nicht mehr als 2 Centimeter pro Meter betragen. Die Wölbung gepflasterter Straßen soll 2,5—3,0 Centimeter und die chaussirter Straßen 3,0—5,0 Centimeter pro Meter der Breite der Fahrbahn betragen. Die stärkere Wölbung gilt besonders für Straßen, welche ziemlich horizontal liegen und schmal sind.

Breite.

§ 3. Die Breite der Fahrbahn einschließlich der beiderseitigen Rinnen soll in der Regel höchstens ³/₅ der Straßenbreite, jedoch nie weniger als 5,5 Meter betragen.

Befestigung.

§ 4. Die Befestigung der Fahrbahn muß mittelst Pflasterung oder Chaussirung erfolgen; welche dieser Befestigungsarten vorhanden sein bezw. hergestellt werden muß, wird auf Grund des Ortsstatuts betr. die Bebauung in der Bürgermeisterei Mülheim am Rhein in jedem Falle besonders festgesetzt.

Pflasterung.

§ 5. Nachdem das Planum der Fahrbahn regulirt und mit der Wölbung, welche die Straßenkrone erhalten soll, versehen worden ist, muß der Sand zur Herstellung des Pflasterbettes in einer gleichmäßigen Stärke von 20 Centimeter aufgebracht werden. Das Pflaster muß kunstgerecht in regelmäßigem Verbande, in geraden Strecken normal, in Kurven radial zur Straßenaxe geführt werden. Auf dasselbe muß so viel Sand gebracht werden, als zur Füllung der Fugen erforderlich ist; hiernach ist dasselbe zu nässen und mit gehörig schweren Handrammen abzurammen.

Zersprengte oder versenkte Steine sind herauszunehmen und durch neue zu ersetzen.

Pflastersteine.

§ 6. Die Pflastersteine müssen aus Grauwacke, Kohlensandstein oder einem anderen, von der Bau=Polizeibehörde als geeignet anerkannten Gestein hergestellt werden und von bester Beschaffenheit sein. Sie müssen mindestens eine Höhe von 16—18 Centimeter, eine Kopffläche von 14 bis 16 Centimeter und eine Verjüngung nach der Satzfläche von einem Centimeter haben und so bearbeitet sein, daß Kopf= und Satzfläche rechtwinklig, eben und möglichst parallel zu einander sind. Die Seitenflächen müssen gleichfalls möglichst eben bearbeitet sein, so, daß die Fugen des gut gerammten Pflasters nicht über 1,0 Centimeter breit sind.

In besonders begründeten Fällen, namentlich bei stark steigenden Straßen, können auch Steine von geringerer Abmessung zugelassen werden, worüber in jedem besonderen Falle die Baupolizeibehörde befindet.

Pflastersand.

§ 7. Zur Herstellung des Pflasterbettes muß reiner, mit Kiesel von Bohnengröße vermengter Sand verwendet werden. Der auf das Pflaster zur Füllung der Fugen aufzubringende Sand muß feinkörnig und völlig frei von lehmigen Bestandtheilen sein.

Chaussirung.

§ 8. Die Chaussirung ist in einer Stärke von 25 Centimeter in zwei verschiedenen Lagen, welche jede für sich gehörig abzuwalzen ist, herzustellen und zwar: 1. die Grundlage oder der Unterbau in 15 Centimeter, 2. die Decklage in 10 Centimeter Stärke. Bevor die Grundlage eingebaut werden darf, ist das Planum des Straßendammes zu reguliren und mit der Wölbung zu versehen, welche die Straßenkrone erhalten soll.

Grundlage oder Unterbau.

§ 9. Die Grundlage muß aus grobem Kies hergestellt werden, der aus Steinen von mindestens 3 Centimeter und höchstens 8 Centimeter Größe besteht und nicht mehr Sand enthalten darf, als erforderlich ist, um die Hohlräume zwischen den einzelnen Kieseln auszufüllen.

Decklage.

§ 10. Die Decklage muß aus Normal=Basaltfeinschlag (sog. Provinzial=Feinschlag) von 3—4 Centimeter Größe hergestellt werden. Derselbe ist nach einer Chablone so auf den Unterbau aufzubringen, daß die Straßenkrone das vorschriftsmäßige Quergefälle erhält.

Bindematerial.

§ 11. Das Bindematerial, welches entweder aus reinem grobkörnigem Sande oder aus durchgesiebtem Basalthammerschlag bestehen muß, ist derart auf die Decklage aufzubringen, daß deren Hohlräume möglichst ausgefüllt werden und dieselbe außerdem mit einer dünnen Schicht bedeckt wird.

B. Bürgersteige.

§ 12. Alle Grundstücke, welche an den Straßenlinien mit Gebäuden besetzt oder durch Einfriedigungen abgeschlossen sind, müssen von ihren Besitzern mit vorschriftsmäßigen Bürgersteigen versehen werden. Bei derartigen Grundstücken, welche an bereits für den öffentlichen Verkehr und den Anbau fertig hergestellten Straßen, Straßentheilen oder Plätzen liegen, sind die Bürgersteige sofort anzulegen; bei Grundstücken an den übrigen Straßen, Straßentheilen, Plätzen und Wegen sind die Besitzer verpflichtet, je nach eintretendem Bedürfnisse auf Verlangen der Polizeibehörde Bürgersteige vorschriftsmäßig herzustellen.

§ 13. Die Bürgersteige sind stets in ordnungsmäßigem Zustande zu erhalten. Der Aufforderung der Polizeibehörde zur Wiederinstandsetzung schadhafter Anlagen ist Seitens der Verpflichteten sofort Folge zu geben. Im Weigerungs- oder Zögerungsfalle ist die Polizeibehörde befugt, die Herstellung zwangsweise bewirken zu lassen.

Gefälle.

§ 14. Das Längengefälle der Bürgersteige muß dem der Fahrbahn folgen. Das Quergefälle muß in der Regel 3 Centimeter pro Meter der Breite betragen; hierbei ist darauf zu achten, daß der Bürgersteig des einen Hauses nirgend den Bürgersteig der Nebenhäuser überragt.

Breite.

§ 15. Die Breite eines Bürgersteiges soll bei Straßen über 9,0 Meter Breite nicht unter ein Fünftel der Straßenbreite zwischen den Straßenfluchtlinien betragen. Bei Straßen von 8,0—9,0 Meter Breite soll der Bürgersteig jedoch nur 1,25 Meter breit sein, und bei Straßen von weniger als 8,0 Meter Breite bestimmt die Polizeibehörde die zulässige Breite von Fall zu Fall. Bei Straßen von ungleichen Breiten ist eine angemessene Vermittlung der verschiedenen Bürgersteige vorzunehmen.

Befestigung.

§ 16. Die Befestigung der Bürgersteige muß innerhalb des Stadtgebietes vor Gebäuden und den dazu gehörigen Hofplätzen, Gärten und Lustanlagen durch Bordsteine, sowie durch Platten (Basaltlavaplatten, Asphaltplatten, Mettlacherplatten, Aluminiumplatten) oder Asphaltbelag und vor unbebauten Grundstücken durch Bordsteine, Kohlenschlacken und Kies erfolgen und muß stets mit demselben Material in gutem Zustande erhalten werden.

Bordsteine.

§ 17. Längs der Rinne sind die Bürgersteige mittelst Bordsteinen von 35 Centimeter Höhe, 20 Centimeter Breite und mindestens 75 Centimeter Länge einzufassen, deren obere Vorderkante nicht höher als 8—13 Centimeter über dem Rinnstein liegen darf. Die Bordsteine erhalten an ihrer Vorderseite über der Straßenrinne eine Abschrägung bis auf eine Stärke von 18 Centimeter. Die Bordsteine müssen aus bestem Basaltlava bestehen, möglichst vollkantig und an den sichtbaren Flächen sauber bearbeitet sein, gute Lagerflächen und dicht schließende Stoßfugen haben und an den Enden mit zwei Ziegelschichten in gutem Kalkmörtel untermauert werden.

Verschiedene Fluchtlinien der Bordsteine sind niemals in einem Winkel, sondern stets in einem Bogen von möglichst großem Halbmesser zusammen zu führen.

Belag.

§ 18. Die Oberfläche der Bürgersteige muß derart befestigt werden, daß durchaus keine Unebenheiten, namentlich keine Vertiefungen entstehen, in denen Wasser sich ansammeln könnte. Wird außerhalb der Stadt von der Bau=Polizeibehörde die Herstellung eines Platten= oder Asphaltbelages erlassen, so ist die Oberfläche des Bürgersteiges mindestens 8 Centimeter dick mit Kohlenschlacke oder grobem Kies — wallnußgroß, — worauf eine 5 Centimeter dicke Schicht von gesiebtem Kies — sog. Grind — zu bringen ist, zu befestigen. In gleicher Weise ist die Oberfläche des Bürger= steiges vor unbebauten Grundstücken zu befestigen.

Plattenbelag.

§ 19. Die Steinplatten müssen von vorschriftsmäßigem Material, voll und scharfkantig bearbeitet und von möglichst gleicher Breite sein, mindestens eine Dicke von 8 Centimeter, eine Länge von 50 Centimeter und eine Breite von 30 Centimeter haben und auf eine Ziegelstein=Roll= schicht mit darunter befindlicher 10 Centimeter starker Sandschicht, welche gleichmäßig aufzubringen und gut festzustampfen ist, in Cement oder Traß= mörtel nach dem vorgeschriebenen Gefälle verlegt werden. Die Fugen sind mit dünnflüßigem Cement= oder Traßmörtel auszugießen. In der gleichen Weise müssen Thon und ähnliche Platten verlegt werden.

Die Cementplatten müssen mindestens 5 Centimeter dick, 30 Centimeter lang und breit, von bester Qualität sein, und entweder auf eine Ziegel= stein=Rollschicht oder auf eine 10 Centimeter dicke Cement=Betonlage, in Cement oder Traßmörtel mit dichtschließenden Fugen und vorschriftsmäßigem Gefälle verlegt werden.

Asphaltbelag.

§ 20. Zur Herstellung des Asphaltbelags darf nur natürlicher Asphalt von bester Qualität verwendet werden, welcher eine gehörig feste und ebene Unterlage erhalten muß. Die Unterbettung ist entweder von Ziegelstein= pflaster auf Kies in Cement= oder Traßmörtel mit vollen und sauber ausgestrichenen Fugen, oder von einer festen, mindestens 13 Centimeter starken, gut gestampften und in der Oberfläche abgeglichenen Cement= Betonlage herzustellen. Auf dieser gehörig ausgetrockneten Unterbettung ist der Asphalt mit einer durchaus ebenen Oberfläche von vorschrifts= mäßigem Gefälle in einer Stärke von mindestens 2,5 Centimeter, dagegen bei Ueberfahrten in einer Stärke von mindestens 4 Centimeter, in zwei gleich dicken Lagen aufzubringen.

Senkung des Bürgersteigs.

§ 21. Einfahrten, welche den Bürgersteig durchschneiden, sind in der Regel in gleicher Höhe mit demselben anzulegen. Senkungen des Bürger= steigs zum Zwecke der Einrichtung einer Ueberfahrt, dürfen nur ausnahms= weise und nur bei besonders ungünstigen Verhältnissen gestattet werden, und wird in einem derartigen Falle jedesmal von der Polizeibehörde näher bestimmt werden, in welcher Art und Weise die Ueberfahrt über den Bürgersteig dann herzustellen ist. Vorhandene Einsenkungen müssen binnen 2 Jahren nach Inkrafttretung dieser Polizei=Verordnung, wenn angängig, entfernt, und der Bürgersteig in ordnungsmäßigen Zustand ver= setzt werden. Ob und wie bestehende Thoreinfahrten hiernach belassen werden können, unterliegt der Prüfung und Entscheidung durch die Polizeibehörde.

Straßenrinnen.

§ 22. Zur Ableitung des Straßen= bezw. Haushaltungswassers sind zu beiden Seiten der Fahrbahn Straßenrinnen anzulegen. Dieselben müssen bezüglich des Gefälles dem Längengefälle der Straße sich anschließen und bezüglich der Vorfluth mit einer gleichen Anlage in einer öffentlichen Straße, oder einem Kanal oder Wasserlauf in Verbindung gebracht werden. Die Straßenrinnen sind aus Kopfsteinpflaster in einer Breite von mindestens 90 Centimeter von der Kante des Bürgersteiges aus gerechnet, gemäß den Bestimmungen dieser Verordnung herzustellen.

Abflußrinnen.

§ 23. Die Ableitung des Wassers aus den Dachabfallröhren und aus dem Innern der Häuser nach den Straßenrinnen muß durch die Bürgersteige hindurch mittelst kastenförmiger, gußeiserner Röhren geschehen, welche oben völlig geschlossen und gerippt, mit einer Oeffnung für die Aufnahme der Abfallrohre versehen sind und genau in der Oberfläche der Bürgersteige liegen, so, daß sie mit diesen eine Ebene bilden. Bereits vorhandene Einrichtungen zur Ableitung des Regenwassers und Wassers aus dem Innern der Häuser und Höfe nach den Straßenrinnen müssen hiernach spätestens binnen einem Jahre nach Inkrafttretung dieser Verordnung, oder sobald eine Erneuerung oder Veränderung des Bürgersteiges stattfindet, abgeändert werden.

Wo keine den Wasserabfluß regelnde Straßenrinnen vorhanden sind, darf der Straße von den anliegenden Grundstücken weder Regen= noch Spülwasser zugeführt werden, und hat der Eigenthümer zur Fortschaffung desselben auf eigene Kosten anderweitig Sorge zu tragen. Andere bereits bestehende Anlagen zur Fortschaffung des Regen= und Spülwassers sind hiernach abzuändern und die Anlagen, welche das Wasser auf die Straße führen, zu beseitigen. Wasser direkt aus Gefäßen auf die Straße oder in die Straßenrinne zu schütten, ist verboten.

Rinnenüberbrückungen.

§ 24. Bei Ueberbrückung von Straßenrinnen werden die Vorschriften, insbesondere über die lichte Weite und Höhe der Rinnenüberbrückungen, in jedem einzelnen Falle durch die Bau=Polizeibehörde näher angegeben.

Im Allgemeinen wird hierdurch folgendes bestimmt:

a) Die Sohle der Rinnenüberbrückungen muß entweder gepflastert oder aus Hausteinen hergestellt werden.

b) Die Seitenwände — Wangen — müssen aus mindestens 20 Centimeter breiten und 35 Centimeter hohen Hausteinen von bester Basaltlava hergestellt sein, deren sichtbare Flächen sauber bearbeitet, und welche derartig stark zu untermauern sind, daß die Fundamentsohle der Seitenwände mindestens 40 Centimeter tiefer als die Rinnensohle liegt. An den Enden der Seitenwände sind dicht anschließende Haussteine, welche nach einem Verhältniß von 1 : 6 schräg bearbeitet sind, in Richtung der Straßenrinne anzubringen, damit die von den Enden der Seitenwände ausgehende Erhebung des Straßendammes mit der tiefer liegenden Straßenrinne durch allmählichen Uebergang vermittelt wird. Die obere innere Kante der Seitenwände muß mit einem Falz von mindestens 4 Centimeter

Breite und einer Tiefe, welche der Dicke der Abdeckplatten gleich ist, versehen sein. Bei Ueberbrückungen von Rinnen längs der Bürgersteige wird die eine Wange durch die Bordsteine gebildet.

c) Die Abdeckung der Rinnenüberbrückungen muß aus hinreichend starken, gußeisernen, an der Oberfläche gewürfelten oder gerippten Platten hergestellt werden. Die Platten müssen die Seitenwände der Länge nach vollständig überdecken und mit deren Oberfläche in gleicher Höhe liegen.

d) In chaussirten Straßen ist zu beiden Seiten der Ueberbrückung eine 1 Meter breite Anpflasterung herzustellen, welche den Vorschriften der Verordnung gemäß ausgeführt werden muß und sich auf die ganze Länge der Ueberbrückung zu erstrecken hat. Die Erhebung des Straßendammes an den Enden der Ueberbrückung ist sowohl bei chaussirten als gepflasterten Straßen mit der tiefer liegenden Straßenrinne durch die vorstehend unter b vorgeschriebenen abgeschrägten Hausteine allmählich zu vermitteln.

Schlußbestimmungen.

§ 25. Wer vorstehenden Bestimmungen zuwiderhandelt, wird, sofern keine andere Strafe auf Grund sonstiger Gesetze verwirkt ist, mit Geldstrafe bis zu 30 Mark oder mit verhältnißmäßiger Haft bestraft und hat außerdem zu gewärtigen, daß das von ihm Versäumte im Wege des Zwanges auf seine Kosten zur Ausführung gebracht wird.

§ 26. Diese Polizei-Verordnung tritt sofort nach erfolgter ortsüblicher Bekanntmachung in Kraft.

Mülheim am Rhein, den 23. Juli 1890.

Der Bürgermeister: **Steinkopf.**

Köln, den 16. August 1890.

Die Strafandrohung bis zum Betrage von dreißig Mark wird hierdurch genehmigt.

A. 13527. Der Regierungs-Präsident,
J. V.
Fink.

Vorstehende Polizei-Verordnung, welche mit dem heutigen Tage in dem amtlichen Kreisblatt, der „Mülheimer Zeitung" veröffentlicht worden ist und am Rathhause hierselbst ausgehängt ist, wird hiermit zur allgemeinen Kenntniß gebracht.

Mülheim am Rhein, den 1. Mai 1891.

Der Bürgermeister: **Steinkopf.**

Ortsstatut

betreffend die Bebauung in der Stadtgemeinde Mülheim am Rhein.

Auf Grund der §§ 12 und 15 des Gesetzes vom 2. Juli 1875, betreffend die Anlegung und Veränderung von Straßen und Plätzen in

Städten und ländlichen Ortschaften, wird für den Bezirk der Stadtgemeinde Mülheim am Rhein folgendes Ortsstatut erlassen.

A. **Anlage neuer Straßen durch die Stadtgemeinde.**

§ 1. Bei der seitens der Stadtgemeinde erfolgenden Anlegung einer neuen Straße, wenn solche zur Bebauung bestimmt ist, sind die Besitzer der angrenzenden Grundstücke, sobald auf denselben Gebäude irgend welcher Art an dieser Straße errichtet werden, verpflichtet, der Stadtgemeinde diejenigen Kosten zu erstatten, welche ihr für die Freilegung, erste Einrichtung, Entwässerungs- und Beleuchtungsvorrichtung der Straße, sowie für die Unterhaltung während der ersten fünf Jahre erwachsen. Der Besitz eines zu bebauenden Grundstücks ist bei Einreichung des Baugesuches in gesetzmäßiger Weise nachzuweisen.

§ 2. Der Anlage einer neuen Straße steht die Verlängerung einer schon bestehenden Straße gleich, ebenso die Umwandlung einer vor dem 2. Juli 1875 unbebauten oder auch mit einzelnen Gebäuden besetzten, aber nicht von der Gemeinde befestigten und regelmäßig unterhaltenen Fußweg-, Feldweg-, Gemeindeweg-, Privatstraßen- oder Landstraßen-Strecke in eine städtische Straße.

§ 3. Die Kosten der Freilegung begreifen die Grunderwerbskosten und solche, welche mit dem Grunderwerb im Zusammenhang stehen, in sich. Ist das Straßenland zum Theil unentgeltlich oder ist es zu verschiedenartigen Preisen abgetreten worden, so findet behufs Feststellung des von den einzelnen Anliegern zu erstattenden Antheils der Grunderwerbskosten bei der Abrechnung eine Schätzung der wirklichen Werthe aller in die Straße gefallenen Flächen und zwar im Zeitpunkte ihrer Abtretung, zu Gunsten oder Ungunsten der Betheiligten statt. Die Schätzung wird in Ermangelung gütlicher Einigung endgültig vorgenommen durch drei im einzelnen Falle durch die Stadtverordneten-Versammlung zu ernennende Sachverständige, welche die im § 27 des Enteignungsgesetzes vom 11. Juni 1874 vorgeschriebenen Eigenschaften besitzen müssen. Soweit keine Einigung über die Personen stattfindet, werden dieselben von dem Königlichen Regierungs-Präsidenten in Köln ernannt. Der Werth vorhandener, der Stadt zugehöriger in die Straße gefallener Wegeflächen bleibt hierbei außer Ansatz.

§ 4. Die erste Einrichtung besteht aus den Erdarbeiten, der Herstellung der Straßendecken, der Bürgersteige, dem Bau etwa erforderlicher Durchlässe und Brücken und dem geordneten Anschluß an ältere bestehende Straßen; ferner aus den Kosten der Ueberfahrts- und Uebertrittsbrücken und der etwa erforderlichen Schutzmauern oder Böschungen, nicht aber auch den Kosten von Baumpflanzungen oder ähnlichen Anlagen. In der Regel ist für die Straßendecke das beste ortsgebräuchliche Straßenpflaster zu verwenden, während die Bürgersteige gemäß den baupolizeilichen Bestimmungen herzustellen sind. Für Nebenstraßen, besonders solche, welche außerhalb der eigentlichen Stadt liegen, ist eine wohlfeilere Herstellung zulässig, deren Art aber für jeden einzelnen Fall besonders nach Maßgabe der baupolizeilichen Bestimmungen festgestellt wird. Die Entwässerung geschieht gewöhnlich unterirdisch mit Anschluß an die städtischen Kanalsysteme, ebenso die Beleuchtungsvorrichtung mit Anschluß an das städtische

Gasrohrnetz. Die Unterhaltung umfaßt auch die Umpflasterung, den Ersatz von verbrauchtem Material und die durch Dammsenkungen hervorgerufenen Umänderungen. Gleichzeitig mit einer Straßenanlage werden die Straßenkreuzungen und in der Regel auch die Anfänge der festgesetzten Straßenabzweigungen, und zwar letztere auf eine Länge von 20 Meter von der Fluchtlinie der Hauptstraße, hergestellt.

§ 5. Für die Vertheilung der Anlage- und Unterhaltungskosten gilt jede Straße oder, wo nicht die ganze Länge der Straße gleichzeitig ausgeführt wird, jede zu derselben Zeit hergestellte Straßenstrecke mit Einschluß der Hälfte der Straßenkreuzungen, jedoch mit Ausschluß der Straßenabzweigungen, als ein Ganzes; die Vertheilung auf die einzelnen Grundstücke geschieht nach dem Verhältniß ihrer Straßenfront. Eckgrundstücke zahlen ihren entsprechenden Antheil für beide Straßen. Die Feststellung und Vertheilung der Gesammtkosten erfolgt vorbehaltlich des Beschwerdeweges durch den Gemeinde-Vorstand. Der Mittheilung dieser Berechnung an die einzelnen Zahlungspflichtigen bedarf es nicht, doch steht jedem Betheiligten die Einsicht der Gesammtrechnung, welche auf dem Stadtbauamt offen gelegt wird, innerhalb 14 Tagen nach der Zahlungsaufforderung frei.

§ 6. Erhält eine Straße eine Breite von mehr als 26 Meter, so beschränkt sich die Beitragspflicht der Anlieger auf die Breite von 13 Meter. Die Mehrbreite fällt der Stadtgemeinde zur Last. Im Uebrigen können die angrenzenden Eigenthümer nicht für mehr als die halben Kosten der ganzen Straßenbreite belastet werden.

§ 7. Die Zahlung der zu leistenden Beiträge hat bei Beginn der Ausführung des Baues zu erfolgen, weshalb gemäß § 6 der Regierungs-Bau-Polizei-Ordnung vom 6. Juni 1888, bevor mit der Bauausführung begonnen wird, der Polizeibehörde unter Angabe des Datums und der Nummer des Bauscheines von dem Baubeginnen schriftliche Anzeige zu erstatten ist. Steht zur Zeit der Errichtung der Gebäude die Höhe der Beiträge noch nicht fest, so ist eine in baarem Gelde oder in pupillarisch sicheren Papieren bestehende Bürgschaft zu hinterlegen, deren Höhe der Gemeinde-Vorstand bestimmt, und aus deren Betrag die Tilgung des demnächst festgestellten Beitrages erfolgt. Eine Verzinsung der baar eingezahlten Bürgschaft findet nicht statt. Für den etwaigen Mehrbetrag bleibt das Grundstück verhaftet. Die städtische Verwaltung ist befugt, aber nicht verpflichtet, mit Rücksicht auf die Vermögensverhältnisse der Zahlungspflichtigen, denselben für die Entrichtung der Beiträge Theilzahlungen oder Zahlungsfristen bis höchstens 3 Jahre nach der Fälligkeit zu gewähren, falls die Zahlungspflichtigen die Eintragung ihrer Zahlungspflicht hypothekarisch (im Grundbuche) bewilligen und diese Eintragung nach dem Ermessen der städtischen Verwaltung genügende Sicherheit bietet. In einem solchen Falle ist für die Dauer der Ausstandsfrist der rückständige Beitrag mit jährlich fünf vom Hundert zu verzinsen. Längere Zahlungsfristen bedürfen der Genehmigung durch die Stadtverordneten-Versammlung.

B. Anlage von Straßen durch Unternehmer oder Anlieger.

§ 8. Wollen Unternehmer oder Anlieger eine im Bebauungsplan

festgestellte Straße oder einen Theil derselben im Sinne der §§ 1 oder 2 anlegen, so ist die Genehmigung bei dem Gemeinde-Vorstande unter Vorlage des von einem vereideten Landmesser nach Maßgabe der ministeriellen Vorschriften vom 28. Mai 1876 angefertigten Lage- und Höheplanes, aus welchen auch insbesondere der Anschluß der neu anzulegenden Straße an andere schon bestehende Straßen und öffentliche Anlagen ersichtlich ist, in zweifacher Ausfertigung nachzusuchen. Die Zeichnungen, zu deren Anfertigung, soweit das Verwaltungsinteresse es gestattet, auf Wunsch Auszüge aus dem Bebauungsplan gegen Erstattung der Selbstkosten ertheilt werden, müssen dem Bebauungsplan entsprechen, außerdem aber alle zur Zeit des Gesuches bestehenden Eigenthumsgrenzen, Eigenthümer, Baulichkeiten und Kataster- bezw. Grundbuchbezeichnungen enthalten. Der Lageplan muß die angrenzenden Grundstücke bis auf wenigstens 30 Meter Entfernung von den Straßenfluchtlinien zur Darstellung bringen. Die Straßenaxen sind an vorhandene Festpunkte durch Messungszahlen derart anzubinden, daß dieselben unmittelbar von der Zeichnung auf das Feld übertragbar und zur Prüfung der Richtigkeit verwendbar sind. Auch die örtlichen Messungszahlen sind für alle Punkte der Eigenthumsgrenzen einzuschreiben. Für die Höhenpunkte gilt der Nullpunkt des Kölner Pegels.

Die Ergänzung unvollständiger Zeichnungen bewirkt entweder der Gemeindevorstand für Rechnung des Antragstellers, oder es werden dem letzteren die Zeichnungen zur Vervollständigung zurückgegeben. Die Eintragung der Entwässerungs- und Beleuchtungsvorrichtungen erfolgt, soweit nöthig, durch den Gemeindevorstand ohne Belastung des Antragstellers.

§ 9. Die Genehmigung kann nur unter Angabe der Gründe versagt werden, wenn dieselbe dem öffentlichen Interesse entgegensteht, insbesondere, wenn der Zusammenhang der beantragten Straßen mit dem ausgeführten Straßennetze hinsichtlich des Verkehrs, der Entwässerung und Beleuchtung nicht für ausreichend befunden wird.

§ 10. Im Falle der Genehmigung wird zwischen der Stadtgemeinde und dem Antragsteller ein Vertrag geschlossen über die Abtretung des Straßenlandes, welches unentgeltlich und pfandfrei der Gemeinde zu übereignen ist, über die Art der vorläufigen und der fertigen Herstellung der Straße, über die Frist der Fertigstellung, über die Art der Unterhaltung, über die Abnahme und über die Sicherstellung der Gemeinde u. s. w., wobei die Vorschriften in den §§ 1—6 als Grundlage dienen.

§ 11. Es steht der Stadtverordneten-Versammlung im Einzelfalle frei, zu beschließen, daß die Arbeiten zur Herstellung einer Straße dem Unternehmer nicht überlassen, sondern für dessen Rechnung vom Stadtbauamte ausgeführt werden.

Die unterirdischen Entwässerungs- und Beleuchtungsanlagen werden in allen Fällen von der Stadtgemeinde ausgeführt.

§ 12. Die nicht in die neuen Straßen fallenden alten Wegeflächen, deren Ersatz die neuen Straßen bilden, werden dem Verkehre entzogen; an denselben dürfen weder Thüren noch Fenster angelegt werden.

§ 13. Wollen Unternehmer oder Anlieger eine Straße anlegen, welche im Bebauungsplane nicht vorgesehen ist, so sind Lage- und Höhenpläne nach Maßgabe der ministeriellen Verordnung vom 28. Mai 1876 und der Vorschriften im § 8 in doppelter Ausfertigung dem Gemeindevorstande einzureichen. Für die Genehmigung gilt der § 9. Ist darauf der Plan nach Maßgabe des Gesetzes vom 2. Juli 1875 zur förmlichen Feststellung gelangt, so erfolgt die Abschließung des Straßenbauvertrages nach den §§ 10 bis 12.

C. **Anbau an unausgebauten oder noch nicht fertiggestellten Straßen.**

§ 14. An Straßen oder Straßentheilen, welche noch nicht gemäß den baupolizeilichen Bestimmungen für den öffentlichen Verkehr und den Anbau fertig hergestellt sind, dürfen Wohngebäude, welche nach diesen Straßen oder Straßentheilen einen Ausgang haben, nicht errichtet werden.

§ 15. Die Umwandlung eines bisher zu anderen Zwecken bestimmten Bauwerks in ein Wohnhaus, selbst wenn bauliche Aenderungen damit nicht verbunden sind, ist wie die Errichtung von Wohngebäuden zu beurtheilen; ebenso die Erweiterung und der Wiederaufbau eines niedergelegten oder durch Naturereignisse zerstörten Wohngebäudes.

§ 16. Ausnahmen vom Verbote des § 14 können in Einzelfällen mit Rücksicht auf Umfang, Bestimmung und örtliche Lage der beabsichtigten Bauten vom Gemeindevorstande nach Anhörung der städtischen Bau-Kommission vorbehaltlich der Zustimmung der Ortspolizeibehörde bewilligt werden. Aus der Bewilligung einer derartigen Ausnahme folgt nicht die Pflicht des Gemeindevorstandes zur Bewilligung weiterer Ausnahmen in ähnlichen Fällen.

§ 17. Die in § 16 vorgesehene Ausnahmebewilligung des Gemeindevorstandes ist innerhalb der Grenzen des festgesetzten und offengelegten städtischen Bebauungsplanes davon abhängig, daß der Grundbesitzer vorher die zur planmäßigen Fertigstellung der Straße nach den §§ 1—6 ihm für sein Grundstück obliegenden Leistungen erfüllt und zwar nach Maßgabe des § 7.

D. **Allgemeine Bestimmungen.**

§ 18. Die Entscheidung darüber, unter welchen Umständen Straßen, Straßentheile oder Plätze als für den öffentlichen Verkehr und den Anbau fertiggestellt gelten, richtet sich nach dem Inhalte der diesbezüglichen örtlichen baupolizeilichen Vorschriften.

§ 19. Sobald künftig eine Straße für den öffentlichen Verkehr und den Anbau als fertig hergestellt anzusehen ist, wird solches in ortsüblicher Weise bekannt gemacht und die Straße in das darüber zu führende Verzeichniß auf dem Stadtbauamte eingetragen. Das gleiche Verfahren gilt für die durch den fortschreitenden Erweiterungsplan festgestellten Straßen.

§ 20. Zu einer Straße im Sinne dieses Ortsstatuts gehören der Straßendamm und der Bürgersteig.

§ 21. Diejenigen Eigenthümer, deren Gebäulichkeiten bereits vor Erlaß dieses Statuts errichtet sind, können, soweit sie sich nicht im Voraus vertraglich den Bestimmungen desselben unterworfen haben, mit Bezug auf die bereits vorhandenen Gebäulichkeiten nur zu den bei Ertheilung der Bauerlaubniß ihnen auferlegten oder von ihnen übernommenen Verbindlichkeiten, sowie zur Legung des baupolizeilich vorgeschriebenen Bürgersteiges, bezw. zum Ersatz der hierfür erwachsenen Kosten herangezogen werden.

E. Schlußbestimmungen.

§ 22. Die nach Maßgabe vorstehender Bestimmung zu leistenden Beiträge können, falls nicht Verträge abgeschlossen sind, als öffentliche Wegebaulast von den Zahlungspflichtigen oder deren Rechtsnachfolgern im Wege des Verwaltungs=Zwangsverfahrens eingezogen werden.

§ 23. Dieses Ortsstatut tritt sofort nach erfolgter Bekanntmachung durch das amtliche Kreisblatt ("Mülheimer Zeitung") in Kraft.

Mülheim am Rhein, den 15. Dezember 1890.

Der Bürgermeister: **Steinkopf**.

Vorstehendes Ortsstatut wird hierdurch mit dem Bemerken zur öffentlichen Kenntniß gebracht, daß dasselbe in den Sitzungen der Stadtverordneten=Versammlung vom 23. Juli und 15. Dezember 1890 genehmigt und vom Bezirksausschuß zu Köln unterm 3. Februar 1891 bestätigt worden ist.

Mülheim am Rhein, den 25. April 1891.

Der Bürgermeister: **Steinkopf**.

Ortsstatut

betreffend die Anlage von Erkern und Balkonen über den städtischen Straßenflächen.

Auf Grund des § 10 der Städteordnung für die Rheinprovinz vom 15. Mai 1856 wird in Betreff der Bedingungen, unter welchen im Bezirke der Stadtgemeinde Mülheim am Rhein die Anlage von Erkern und Balkonen, welche in die Luftsäule über die öffentlichen Straßenflächen vortreten, gestattet ist, das nachfolgende Ortsstatut erlassen.

Straßenbreite.

§ 1. Die Anlage von Erkern und Balkonen über der Straßenfläche wird nur gestattet in Straßen, deren Breite nach dem festgesetzten Fluchtlinienplane wenigstens 9 Meter beträgt.

Ausladung.

§ 2. Die Ausladung der Erker und Balkone darf an Straßen und Straßentheilen

von 9 bis 10 Meter Breite nicht mehr als 70 cm
„ 10 „ 12 „ „ „ „ „ „ 80 „
„ 12 „ 14 „ „ „ „ „ „ 90 „
„ 14 „ 17 „ „ „ „ „ „ 100 „
„ 17 „ 20 „ „ „ „ „ „ 110 „

über 20 Meter Breite nicht mehr als 120 Centimeter betragen.

Die Ausladung wird gemessen von der Baufluchtlinie bis zum äußersten Vorsprung des Balkons oder Erkers, jedoch ohne Anrechnung der Gesimse. Die Ausladung der letzteren darf indeß 20 Centimeter nicht überschreiten.

Abstand von der Nachbargrenze.

§ 3. Insofern nicht Rechte des Nachbargrundstückes einen größeren

Abstand verlangen, müssen Balkone und Erker mit Ausnahme ihrer Gesimse wenigstens um das anderthalbfache Maaß ihrer Ausladung von der Grenze des Nachbargrundstückes entfernt sein.

Abgaben.

§ 4. Für die Benutzung der Luftsäule über der öffentlichen Straße sind für den Quadratmeter der Ausladung folgende einmaligen Abgaben zu entrichten:
 a. für einen einfachen Balkon 100 Mark;
 b. für jeden Balkon über demselben 50 Mark;
 c. für einen nur an einem Stockwerk angebrachten Erker 200 Mark;
 d. für jedes weitere Stockwerk eines Erkers 100 Mark;
 e. für einen Balkon auf oder über dem Erker 50 Mark;

Eigenthumsrecht.

§ 5. Das Eigenthum der von dem Balkon oder Erker überragten Straßenfläche und der vom Balkon oder Erker eingenommenen Luftsäule geht nicht an den Hauseigenthümer über. Dieser erlangt durch Zahlung der Abgaben nur das Recht, das Straßeneigenthum in der gedachten Weise so lange zu benutzen, als die Straßenfronte des Hauses keine wesentliche Aenderung erleidet.

Erhebung der Abgaben.

§ 6. Die Erhebung der Abgaben geschieht im Weigerungsfalle auf dem Wege des Verwaltungszwangsverfahrens.

Inkrafttretung.

§ 7. Dieses Ortsstatut tritt sofort nach seiner Verkündigung in Kraft.

Mülheim am Rhein, den 22. Mai 1890.

    Der Bürgermeister: **Steinkopf.**

Vorstehendes Ortsstatut wird hierdurch mit dem Bemerken zur öffentlichen Kenntniß gebracht, daß dasselbe in der Sitzung der Stadtverordneten-Versammlung vom 22. Mai 1890 genehmigt und vom Bezirksausschuß zu Köln unter'm 22. August 1890 bestätigt worden ist.

Mülheim am Rhein, den 25. April 1891.

    Der Bürgermeister: **Steinkopf.**

Straßen-Polizei-Ordnung
für die Stadt Mülheim am Rhein.

Auf Grund der §§ 5 und 6 des Gesetzes über die Polizei-Verwaltung vom 11. März 1850, und in Gemäßheit der §§ 143 und 144 des Gesetzes über die allgemeine Landesverwaltung vom 30. Juli 1883 wird mit Zustimmung des Gemeindevorstandes für den Umfang der Stadtbürgermeisterei Mülheim am Rhein folgende „Straßen-Polizei-Verordnung" erlassen:

I) Reinhaltung der Straßen, Wege und Plätze.

§ 1. Jeder Haus- bezw. Grund-Eigenthümer und die Hausbewohner sowie alle Vorsteher öffentlicher Anstalten und Gebäude, einschließlich der zum Gottesdienste bestimmten, sind verpflichtet, die vor den Gebäuden und

Zubehörungen, den Gärten und sonstigen Grundstücken belegenen, dem öffentlichen Verkehr dienenden Straßen bis zur Mitte des Fahrdammes an den dazu bestimmten Tagen und sonst auf Anordnung der Polizeibehörde reinigen zu lassen. Zu den Straßen gehören auch die Rinnsteine und Bürgersteige.

Bei vermietheten Häusern bleiben die Bewohner des Erdgeschosses, und wenn letzteres nicht bewohnt ist, die Bewohner des nächst höheren Stockwerkes und so fort bis zum höchsten Stockwerk für die Reinigung der Straße solidarisch verantwortlich.

§ 2. Das Reinigen und Kehren der Straßen und öffentlichen Plätze muß mindestens drei Mal in jeder Woche und zwar Dinstags, Donnerstags und Sonnabends, und wenn auf diese Tage ein Feiertag fällt, am Tage vorher erfolgen.

Die Reinigung der Straßen und Plätze muß

a) vom 1. April bis 30. September am Dinstage und Donnerstage in der Zeit von 6½ Uhr bis spätestens 8 Uhr Vormittags,
am Sonnabend in der Zeit von 3 bis spätestens 4 Uhr Nachmittags;

b) vom 1. Oktober bis 31. März am Dinstage und Donnerstage in der Zeit von 7½ Uhr bis spätestens 9 Uhr Vormittags,
am Sonnabend in der Zeit von 2 bis spätestens 3 Uhr Nachmittags

erfolgen.

Zur Reinigung der Straßen gehört auch die Beseitigung des zwischen den Steinen hervorragenden Grases.

§ 3. Die Straßenrinnen müssen jeden Morgen bis 8 Uhr, mit Ausnahme der Sonn- und Feiertage, rein gefegt und mit reinem Wasser ausgespült werden.

§ 4. Der Straßenkehricht und Rinnsteinschlamm darf weder dem Nachbar noch den Straßen-Kanälen zugeführt werden, sondern ist straßenwärts dicht an die Rinne zu kehren und in Haufen zusammen zu legen.

§ 5. In die Straßen-Kanäle und deren Schlammkasten dürfen feste Stoffe, insbesondere Küchenabfälle, Kehricht, Schutt, Asche, thierische Abfälle und Fäcalien, ferner feuer- oder explosionsgefährliche Stoffe, sowie solche Stoffe, welche die Wandungen der Kanäle beschädigen können, nicht hineingebracht oder hineingeschüttet werden.

§ 6. Bei trockener Witterung müssen die Straßen vor dem Kehren zur Verhütung des Staubes mit reinem Wasser begossen werden. – Das Besprengen der Straßen mit dem Wasser der Straßenrinnen ist untersagt.

Während der heißen Sommertage sind außerdem die Straßen täglich mindestens zweimal auf den nicht von der Sonne beschienenen Stellen mit frischem Wasser zu begießen.

§ 7. Ist durch Benutzung einer öffentlichen Straße oder eines öffentlichen Platzes durch das Hin- und Herschaffen von Waaren, Materialien, durch die Abfuhr von Dünger, Baumaterialien usw., oder durch Leckwerden oder Zerbrechen von Gefäßen, die Straße verunreinigt worden, so muß dieselbe sofort wieder gereinigt und der zusammengebrachte Unrath sogleich fortgeschafft werden, widrigenfalls außer der Strafe die Reinigung und Fortschaffung auf Kosten des Schuldigen bewirkt werden wird.

Sollten in einzelnen Fällen diejenigen Personen, welchen die Verunreinigung zur Last fällt, nicht ermittelt werden, so liegt die Reinigung derjenigen Person ob, die auch in gewöhnlichen Fällen zur Reinigung der Straße verpflichtet ist.

§ 8. Im Winter müssen die Bürgersteige und Straßenrinnen von Schnee, und soviel als möglich von Eis freigehalten werden. Nach eingetretenem Schneefalle muß auf Anordnung der Polizeibehörde der Schnee zusammengeschaufelt oder gekehrt und die Haufen straßenwärts neben der Rinne niedergelegt werden.

Schnee oder Eis darf nicht von den Dächern herab oder aus den Höfen und Gärten auf die Straße geworfen werden.

Bei eintretendem Glatteise müssen die Bürgersteige und Straßenübergänge von den im § 1 bezeichneten Verpflichteten mit Sand, Asche, Sägemehl oder anderem abstumpfenden Material bestreut werden. Das Streuen hat so zu geschehen, daß während der Stunden von Morgens 7 Uhr bis Abends 10 Uhr der Entstehung gefahrbringender Glätte vollständig vorgebeugt wird.

§ 9. Bei anhaltendem Frostwetter dürfen Haus=, Wirthschafts= und Gewerbewasser den Straßenrinnen nicht zugeführt werden. Ausnahmsweise kann solches von der Polizeibehörde gestattet werden, wenn dadurch keine den Verkehr oder den Wasserabfluß störende Eisbildungen in den Straßen und Straßenrinnen hervorgerufen wird. Das Aufeisen der Rinnen muß dann nach Bestimmung der Polizeibehörde täglich von den betheiligten Hausbewohnern oder Gewerbetreibenden auf ihre Kosten vorgenommen werden.

Während des Frostwetters ist das Besprengen und Abwaschen der Straßen und Bürgersteige untersagt.

§ 10. Nach eingetretenem Thauwetter sind die zur Straßenreinigung Verpflichteten gehalten, nach Anordnung der Polizeibehörde das Eis sogleich aus den Straßen und Rinnsteinen zu entfernen, zusammenzuschaufeln und neben der Rinne auf Haufen niederlegen zu lassen.

§ 11. Jeder Haushaltungsvorstand ist verpflichtet, den in seiner Haushaltung angesammelten Kehricht und Unrath wie Knochen, Asche, Scherben usw. in einem dichten Korbe, Kasten oder Gefäße
    a) vom 1. April bis 30. September am Dinstage, Donnerstage und Sonnabend bis spätestens 8 Uhr Vormittags,
    b) vom 1. Oktober bis 31. März am Dinstage, Donnerstage und Sonnabend bis spätestens 9 Uhr Vormittags
in der Thür seines Hauses aufzustellen.

§ 12. Die Abfuhr des Kehrichts, Unraths usw. (vergl. §§ 4, 8, 10, 11) erfolgt durch von der Stadt gestellte Fuhrwerke. Die Fuhrwerke sind mit helltönender Schelle versehen. Die Abfuhr des Straßenkehrichts beginnt:
    a) in der Zeit vom 1. April bis 30. September am Dinstage und Donnerstage 8 Uhr Vormittags, am Sonnabend 4 Uhr Nachmittags;
    b) in der Zeit vom 1. Oktober bis 31. März am Dinstag und Donnerstag 9 Uhr Vormittags, am Sonnabend 3 Uhr Nachmittags
und wird von da an ununterbrochen zu Ende geführt.

Die Abfuhr des in Kasten usw. an die Hausthüren gestellten Haus=

kehrichts (vergl. § 11) beginnt an den vorbezeichneten Tagen
a) in der Zeit vom 1. April bis 30. September 8 Uhr Vormittags,
b) in der Zeit vom 1. Oktober bis 31. März 9 Uhr Vormittags, und wird von da an ununterbrochen zu Ende geführt.

Die Abfuhr von Schnee und Eis erfolgt nach Bedürfniß auf besondere Anordnung der Polizeibehörde.

§ 13. Die zum Entleeren in die Thür gestellten Körbe, Kasten usw. sind nach erfolgter Entleerung unverzüglich in das Haus zurückzubringen, bezw. von der Straße zu entfernen.

Der beim Einwerfen des Unraths in die Abfuhrkarre durch Verschütten etwa verursachte Schmutz ist von dem zur Reinigung Verpflichteten alsbald zu beseitigen.

§ 14. Falls auf einen Dinstag, Donnerstag oder Sonnabend ein allgemeiner Feiertag fällt, hat die Reinigung und Abfuhr an dem zunächst vorhergehenden Werktage zu erfolgen. Die Zeit der Reinigung und Abfuhr ist in diesem Falle, sowie dann, wenn dem Reinigungstage ein allgemeiner Feiertag folgt, stets die für den Sonnabend festgesetzte Zeit.

II) **Reinigung der Abtritts- und Düngergruben.**

§ 15. Die Reinigung der Abtritts- und Düngergruben muß so häufig geschehen, daß ein Ueberlaufen derselben, oder eine gesundheitsgefährliche Ansammlung der Auswurfsstoffe und des Unraths nicht zu befürchten ist.

§ 16. Das Reinigen der Abtritte und sonstiger Gruben darf nur zwischen 11 Uhr Abends und 5 Uhr Morgens vorgenommen werden, soweit es nicht geruchlos durch Maschinen geschieht. Diese Maschinen und die dazu gehörigen Geräthschaften müssen derart beschaffen sein, daß Ausdünstungen und die Verbreitung übler Gerüche ausgeschlossen sind.

Wenn das Reinigen ohne Maschine von der Straße her bewerkstelligt, oder wenn der Koth über die Straße geschafft wird, muß an der Straße eine hellbrennende Laterne ausgehängt werden, sofern dort keine genügende öffentliche Beleuchtung vorhanden ist.

Das Lagern von Dünger aller Art auf Grundstücken, Feldern und Wiesen in der Nähe von Straßen oder Wohngebäuden, sowie die Ablagerung auf die Straßen ist verboten, auch wenn solches nur zum Zwecke des Aufladens geschehen sollte.

Bei dem Transport von Koth, überhaupt von übelriechenden Flüssigkeiten und Abgängen dürfen nur dicht geschlossene Gefäße benutzt werden.

Fuhrwerke, welche Dünger, Jauche und dergleichen Stoffe geladen haben, dürfen innerhalb der Stadt, auf Straßen oder Plätzen nicht anhalten.

Den Koth oder die ausgeleerten Flüssigkeiten durch die Straßenrinnen ablaufen zu lassen, ist unter allen Umständen verboten.

III. **Verhütung von Verunreinigungen.**

§ 17. Wagen und Gefäße, welche zum Transport von menschlichen Excrementen, Dünger und Abgangsstoffen benutzt werden, sind sofort nach dem jedesmaligen Gebrauch gehörig zu reinigen.

Es ist verboten, Flüssigkeiten und Kehricht, Scherben, Abfälle oder

Unrath irgend welcher Art auf die Straßen und Plätze zu werfen, Gefäße, worin übelriechende Sachen aufbewahrt werden, dortselbst auszuschwenken oder auszuschütten, und die Straßen, Wege und Plätze durch Verrichtung der Nothdurft zu verunreinigen. Jede Verunreinigung der Straßen, Bürgersteige, Plätze und Anlagen sowie der öffentlichen und Privatgebäude und ihrer Einfriedigungen und Umgebungen insbesondere das Bekritzeln und Beschreiben der Häuser und Wände ist untersagt.

Wer Schutt unvermeidlich auf die Straße legen muß, hat hierzu vorher die polizeiliche Erlaubniß nachzusuchen und dafür zu sorgen, daß der Verkehr hierdurch nicht gehemmt, auch der Schutt sofort abgefahren und der betreffende Straßentheil gehörig wieder gereinigt wird.

§ 18. Das Schlachten von Vieh jeder Art ist auf den Straßen und Gassen verboten; es darf dasselbe nur in solchen Räumen vorgenommen werden, welche dem Publikum keine Einsicht gewähren.

§ 19. Blut, Blutwasser, Spülicht, Jauche, Urin, überhaupt Flüssigkeiten, welche einen üblen Geruch verbreiten, und sonstige Abgänge aus gewerblichen Anlagen, Küchen und Stallungen usw. dürfen nicht auf die Straßen geschüttet oder durch die Straßenrinnen abgelassen werden. Die Besitzer der Gebäude, Höfe usw. sind vielmehr gehalten, für solche Abgänge und Abwässer im Innern ihrer Räume wasserdichte, fest verschlossene Gruben anbringen zu lassen, deren Entleerung rechtzeitig und regelmäßig geschehen muß.

Ist den Besitzern der Gebäude, Höfe usw. die Abführung der genannten Abgänge und Abwässer mittelst Kanalanschlusses gestattet, so fällt die Verpflichtung zur Anlage der Gruben fort.

Uebelriechende Gegenstände dürfen in Häusern, Höfen und Gärten oder in der Nähe von Wohnungen nicht abgekocht, verbrannt oder gelagert werden.

Uebelriechende oder durch Ausdünstung schädliche Sachen dürfen nicht auf die Straße gestellt oder vor den Häusern aufgehängt werden.

Fleisch, mit Ausnahme desjenigen, welches in Körben und Mulden getragen wird, darf nur verdeckt durch die Straßen getragen oder gefahren werden.

Blut darf, sofern es üblen Geruch verbreitet, nur zur Nachtzeit durch die Straßen gefahren werden.

§ 20. Haus-, Wirthschafts- und Gewerbewasser dürfen nicht in größerer Menge den Rinnsteinen und Wasserläufen zugeführt werden, als diese, ohne überzutreten, fassen können.

§ 21. Kellerthüren und Lucken, deren Oeffnungen nach der Straße gehen, dürfen von außen nicht mit Dünger, Stroh oder dergleichen Stoffen belegt oder verstopft werden.

§ 22. Auf öffentlicher Straße, sowie vor Thüren, Fenstern und auf Balkonen, welche straßenwärts liegen, ist das Hinaushängen von Wäsche, sowie das Sonnen, Klopfen und Ausstäuben von Betten, Matratzen, Fußdecken und dergleichen Gegenstände nicht gestattet.

§ 23. Wagen und andere Transportmittel, welche zum Fortschaffen flüssiger oder leicht verstreubarer oder übelriechender Gegenstände dienen, müssen so eingerichtet sein, daß von der Ladung nichts verloren gehen und die Straßen verunreinigen kann.

Der Fuhrmann bleibt für das Verstreuen der Ladung verantwortlich und erfolgt die Reinigung sofort auf Kosten des Uebertreters.

§ 24. Es ist verboten, Federvieh auf den Straßen und öffentlichen Plätzen umherlaufen zu lassen.

IV) **Aufrechthaltung der öffentlichen Ordnung, Ruhe und Sicherheit.**

A. Hinsichtlich der Straßen und Bürgersteige.

§ 25. An der Straßenseite der Häuser befindliche Gegenstände aller Art, welche herabfallen können, namentlich Zierrathen, Blumentöpfe, und ähnliche Gefäße müssen gehörig — die Blumentöpfe durch eiserne oder hölzerne Stäbe — befestigt sein.

§ 26. Thüren, Fenster, Fensterläden, Klappen usw. im Erdgeschoß, welche straßenwärts aufschlagen, müssen beständig derartig befestigt werden, daß sie weder dem freien Verkehr hinderlich sind, noch die Vorübergehenden beschädigen können.

§ 27. Schirmdächer zum Schutze gegen die Sonnenhitze, sogenannte Marquisen, Aushängeschilder, Fahnenstangen usw. sowie andere in den Straßenraum hervorragende Gegenstände müssen sicher und fest angebracht sein; zur Anbringung derselben bedarf es der baupolizeilichen Genehmigung, welche vorher nachzusuchen und einzuholen bleibt.

§ 28. Gegenstände, welche den freien Verkehr zu hindern oder zu beeinträchtigen geeignet sind, auf öffentlichen Straßen aufzustellen, hinzulegen oder liegen zu lassen, ist untersagt.

Das Brennmaterial muß sofort nach der Anfuhr in die Häuser, für welche es bestimmt ist, gebracht werden. Sollen die Kohlen gemengt werden, wozu das Wasser der Straßenrinnen oder sonstiges verunreinigtes Wasser nicht verwendet werden darf, so muß dies unmittelbar nach der Anfuhr, (wo thunlich unter Freilassung des Bürgersteiges) geschehen, und sind die Kohlen nach Beendigung des Anmengens sofort in die Häuser zu schaffen. Nach Entfernung der Brennmaterialien müssen die durch dieselben beschmutzten Theile der Straßen und Bürgersteige sofort mit reinem Wasser vollständig abgespült werden.

§ 29. Die Bürgersteige sind lediglich für den Verkehr der Fußgänger bestimmt und dürfen mit Wagen, Karren, Schiebkarren, Schlitten, Fahrrädern (Velocipeden) sowie mit anderen Transportmitteln dieser Art nicht befahren, auch von Pferden und Lastthieren nicht betreten werden. Ausgenommen sind die Stellen der Bürgersteige, welche den Eingang zu einem Gebäude oder Grundstücke von der Fahrstraße trennen; aber auch hier darf die entgegenstehende Benutzung nicht länger ausgedehnt werden, als bei fortgesetzter Bewegung zum Transport des Gegenstandes erforderlich ist.

§ 30. Auf Bürgersteigen und allen sonstigen ausschließlich für Fußgänger bestimmten Wegen dürfen Gegenstände, welche durch Form, Größe oder Beschaffenheit die Vorübergehenden zu gefährden oder zu belästigen geeignet sind, oder welche beim Anstreifen abfärben oder abschmutzen, nicht befördert werden. Personen, welche dergleichen Gegenstände befördern, sowie Personen, deren Kleidung beim Anstreichen abfärbt oder abschmutzt, haben sich auf den Fahrdämmen zu halten.

Das Abladen oder Lagern von Holz, Steinen, Kohlen und sonstigen, den Betrieb der Pferdebahn hindernden Gegenständen auf dem Bahnkörper, sowie neben demselben innerhalb ein Meter von der äußeren Seite der Schienen ist untersagt.

Die Kellereingänge auf den Bürgersteigen müssen fortwährend mit einer rauhen, eisernen oder starken hölzernen Platte verschlossen gehalten und dürfen nur vorübergehend, behufs Einbringung von Sachen in die Keller, geöffnet werden. Die Klappen müssen während der Oeffnung aufrecht quer über den Bürgersteig stehend, befestigt werden.

§ 31. Das Stehenbleiben auf den Bürgersteigen ist, wenn dadurch der freie Verkehr gestört, bezw. die Vorübergehenden behindert werden, untersagt. In jedem Falle haben die Stillstehenden den Vorübergehenden das ungehinderte Durchgehen zu ermöglichen.

§ 32. Das Antreten und Marschiren geschlossener Abtheilungen, Züge usw. auf den Bürgersteigen ist untersagt.

§ 33. Das Auflassen der sogenannten Windvögel (papierne Drachen) ist auf den Straßen, öffentlichen Plätzen und in der Nähe von Telegraphen- und Fernsprechleitungen nicht gestattet.

Aller Unfug auf den Straßen und Plätzen, wie Lärmen, Schreien, Pfeifen, unbefugtes Signalblasen, unnützes Knallen mit den Peitschen, Trommeln, Hämmern, Stein- oder Schneeballenwerfen, Ball- oder Reifenschlagen, Seilspringen, Schießen mit Blasröhren, Flitzbögen, Schußgewehren usw., das Böllerschießen, das Abbrennen von Feuerwerken, das Werfen von Explosionskörpern, das Reizen von Thieren, das Beschmutzen von Gegenständen, welche der öffentlichen Ordnung und Sicherheit oder zur Verschönerung dienen, sowie das Aufhocken auf Fuhrwerke, welche sich in der Fahrt befinden, ist untersagt. Schlittbahnen dürfen auf Straßen und Plätzen nicht angelegt oder benutzt werden.

§ 34. Das Aushängen und Ausstellen von Verkaufs- und anderen Gegenständen vor Gebäuden, Thüren, Fenstern, Umzäunungen usw., welche straßenwärts liegen, ist untersagt.

Auf öffentlichen Straßen und Plätzen außerhalb der Marktplätze oder der Marktzeit Handelsstellen einzunehmen ist nur auf Grund polizeilicher Erlaubniß gestattet.

Auch ist zur Abhaltung von Auktionen auf öffentlichen Straßen, sofern dieselben nicht auf gerichtlicher Anordnung beruhen, polizeiliche Genehmigung erforderlich.

§ 35. Niemand darf an der Straße oder auf öffentlichen Plätzen Leinwand, Tuch, rohe Häute oder dergleichen Gegenstände aufhängen oder hinlegen, wodurch Pferde pp. scheu werden können.

Spiegel dürfen nicht unbedeckt über die Straßen getragen, auch nicht an Gebäuden so angebracht werden, daß die zurückgeworfenen Sonnenstrahlen auf die Straßen fallen, oder Menschen und Thiere blenden.

§ 36. Gegenstände, welche, wie Bleche, Ketten, Metallstangen und dergleichen beim Transporte mittels Wagen ein starkes Geräusch verursachen, müssen so auf Stroheinlagen ruhen, oder derartig verpackt sein, daß der Entstehung starken Geräusches vorgebeugt wird.

Das Rollen von Fässern, Rädern und dergleichen Gegenständen ist auf öffentlichen Straßen nicht gestattet.

§ 37. Es ist verboten, bei anbrechender Dämmerung und während der ganzen Nachtzeit Leitern, Bretter, Balken, Eisenstangen und sonstige hervorragende Geräthschaften über die Straßen zu tragen, wenn der Träger nicht mit einer Laterne versehen ist, oder von einem Anderen begleitet wird, der mit der Laterne vorausgeht.

§ 38. Das Abladen von Ziegelsteinen in der bisher üblichen Weise des Abschlagens bezw. Umschlagens der Karren ist auf den Straßen verboten. Ebenso ist das Abladen von Kalk durch Umschlagen der Karren auf den Straßen untersagt; derselbe darf fortan nur in Körben oder in verschlossenen Fässern abgeladen werden.

§ 39. Wer zum Lagern von Materialien, Aufstellen von Gerüsten, Auf- und Abwinden von Gegenständen oder zu anderen derartigen Vorrichtungen die öffentliche Straße oder Theile derselben im Interesse eines Einzelnen vorübergehend benutzen und dadurch der allgemeinen Benutzung vorübergehend entziehen will, bedarf dazu polizeilicher Erlaubniß.

Während der Benutzung selbst muß der betreffende Theil der Straße in zweckentsprechender Weise durch Warnungszeichen, Schutzwehren, Einfriedigungen oder dergleichen äußerlich kenntlich gemacht und während der Dunkelheit vorschriftsmäßig beleuchtet werden. (§ 41.)

§ 40. Wenn das Auflagern und Zubereiten von Baumaterialien sowie das Niederlegen von Erde oder Schutt auf der Straße polizeilich gestattet worden ist, so muß der zur Benutzung überwiesene Raum mit einem mindestens 2 Meter hohen Bretterzaun umgeben werden. Zieht sich durch diesen Raum eine Straßenrinne, so muß dieselbe zum Ablauf des Wassers frei gelassen oder überdeckt und stets rein gehalten werden.

§ 41. Die Beleuchtung der im § 39 u. 40 bezeichneten Oertlichkeiten muß, nach Bewandtniß der Umstände, durch eine oder durch mehrere Laternen geschehen, vom Eintritt der Dunkelheit bis zum Anbruch des Tages dauern und wirksam genug sein, um während dieser Zeit die betreffende Oertlichkeit beständig in ihrer ganzen Ausdehnung deutlich erkennbar zu machen.

§ 42. Das Sägen und Bereiten von Bau- und Nutzholz auf öffentlicher Straße ist untersagt.

§ 43. Der Transport von Mineralsäuren (Schwefelsäure, Salzsäure, Salpetersäure) usw. mittels Wagen ist nur unter Beachtung folgender Vorsichtsmaßregeln gestattet:
a) die Ballons müssen wohl verpackt in einem besonderen Behälter, wozu auch geflochtene Körbe dienen können, eingeschlossen sein;
b) jedem Transport ist eine Quantität Sand beizugeben, ausreichend, um entstehenden Falls der Vorschrift unter c) genügen zu können;
c) jeder Wagen muß außer dem Kutscher von einer erwachsenen Person begleitet werden;
d) die Wagen dürfen nur im Schritt fahren;

e) tritt der Fall ein, daß Säure aus den Ballons sich auf die Straße ergießt, so ist der Begleiter verpflichtet, sofort beim nächsten Polizeibeamten resp. Polizeibureau von dem Vorgange Meldung zu machen, während der Kutscher die betreffende Stelle ungesäumt mit Sand genügend zu überdecken, das Publikum von der Berührung derselben zu warnen und so lange dabei zu verbleiben hat, bis die zur Beseitigung der Gefahr erforderlichen polizeilichen Anordnungen getroffen worden sind.

§ 44. Alle Gast= und Schenkwirthe sind verpflichtet, über oder an dem Eingang ihrer Wirthshäuser mindestens eine Laterne während der im § 46 vorgeschriebenen Zeit hellbrennend zu erhalten. Ob die Beleuchtungsfähigkeit der Laterne, zu deren Anbringung vorher die baupolizeiliche Genehmigung nachzusuchen ist, eine genügende ist, darüber hat die Polizeibehörde zu bestimmen.

§ 45. Befindet sich das Schanklokal in einem von dem Wohnhause abgetheilten oder in einem isolirt gelegenen Gebäude, so sind auch die besonderen Eingänge dazu in derselben Weise zu beleuchten.

§ 46. Die Beleuchtung (§ 44 und 45) muß täglich eine halbe Stunde nach Sonnenuntergang beginnen und jedenfalls bis zum Eintritt der Polizeistunde und auch darüber hinaus so lange fortgesetzt werden, bis sich sämmtliche Gäste aus dem Wirthslokal entfernt haben.

§ 47. Oeffentliche Aufzüge, Darbringung von Ständchen mit Gesang oder Musik wie überhaupt Musikaufführungen und andere geräuschvolle Belustigungen sind auf den Straßen und Plätzen nur nach vorher eingeholter polizeilicher Erlaubniß gestattet.

§ 48. Drehorgelspieler, Musiker, Musik=Gesellschaften und Führer von wilden Thieren unter Musikbegleitung, welche ihr Gewerbe auf öffentlichen Straßen und Plätzen betreiben, sind gehalten, folgende Tageszeiten zu beachten:

Die Ausübung des Gewerbes darf in den Monaten April bis September nur von Morgens 9 bis Nachmittags 6 Uhr, sowie in den Monaten Oktober bis März nur von Morgens 9 bis Nachmittags 4 Uhr stattfinden.

Mißtönende oder verstimmte Musik=Instrumente dürfen nicht zur Anwendung kommen.

Für den Transport wilder Thiere sind die Vorschriften der von dem Königlichen Herrn Regierungs=Präsidenten zu Köln am 2. Oktober 1891 erlassenen Polizei=Verordnung maßgebend. (Im Anhange abgedruckt.)

§ 49. Die Hauseigenthümer sind verpflichtet, die Hausnummern in ordnungsmäßigem Zustande zu erhalten, und haben dafür zu sorgen, daß das Auffinden der Hausnummern durch Anbringung von Schildern, Marquisen oder auf andere Weise nicht verhindert wird.

§ 50. Oeffentliche Straßen und Plätze dürfen nur mit Genehmigung der Polizeibehörde und unter Beobachtung der dabei ausdrücklich gestellten Bedingungen, ganz oder theilweise gesperrt werden. Die Sperrung muß durch Tafeln mit dem Worte „Gesperrt" angezeigt sein, welche vom Eintritt der Dunkelheit ab bis zum Anbruch des Tages durch Laternen hell zu erleuchten sind.

Die unbefugte Beseitigung dieser Warnungszeichen ist strafbar.

B. Fuhrwerks-Verkehr.

§ 51. Die Führung von Fuhrwerk darf solchen Personen nicht anvertraut werden, die des Fahrens und der Behandlung der Pferde unkundig sind oder das 16. Lebensjahr noch nicht überschritten haben. Die Führer dürfen, während sie sich bei ihrem Fuhrwerk auf öffentlicher Straße befinden, weder schlafen, noch in trunkenem Zustande sein.

§ 52. Während der Dunkelheit muß jedes auf öffentlicher Straße befindliche Fuhrwerk mit mindestens einer, Equipagen und Droschken mit zwei hellbrennenden Laternen versehen sein. Die Laternen müssen vorn an dem Fuhrwerk so angebracht sein, daß deren Schein dem Entgegenkommenden deutlich erkennbar ist.

Die Zeit der Dunkelheit wird gerechnet eine halbe Stunde nach Sonnenuntergang bis eine halbe Stunde vor Sonnenaufgang.

Die Bestimmungen über Beleuchtung der Pferde-Eisenbahn-Wagen werden hierdurch nicht berührt.

§ 53. Mit ansteckenden Krankheiten oder augenfälligen Schäden behaftete Pferde dürfen nicht als Zugthiere benutzt werden. Die Geschirre müssen haltbar und in ordnungsmäßigem Zustande sein.

Jedes durch Zugthiere bewegte Fuhrwerk muß, falls der Führer nicht nebenher geht, so eingerichtet sein, daß der Platz des Führers demselben freie Aussicht nach allen Seiten gestattet.

Der Führer muß, gleichviel ob er an der Seite des Zugthieres geht oder auf dem Fuhrwerke sitzt, das Leitseil bezw. die Zügel stets in der Hand haben.

Das Fahren mit einfacher Leine oder mit Aufzäumung ohne Mundstück ist untersagt.

§ 54. Die Ladung eines Fuhrwerks muß im richtigen Verhältnisse zur Leistungsfähigkeit des Gespannes stehen und derartig befestigt und vertheilt sein, daß sie weder ganz noch theilweise herabfallen, noch ein Umschlagen des Fuhrwerks veranlassen kann. Ebensowenig darf die Ladung ganz oder theilweise auf der Erde schleifen.

Die Ladung darf seitwärts an keiner Stelle über die Achsschenkel des Fuhrwerks hinausragen.

§ 55. Bespanntes Fuhrwerk darf auf öffentlicher Straße nicht ohne Aufsicht bleiben.

Ausnahmen sind nur insoweit zulässig, als der Führer behufs Be- oder Entladung seines Fuhrwerks genöthigt ist, sich zeitweise von demselben zu entfernen.

In solchem Falle muß jedoch das Fuhrwerk neben der Straßenrinne aufgestellt, das Gespann kurz angebunden oder ein Zugthier abgesträngt und wenigstens ein Rad mit einer zweckmäßigen Vorrichtung gesperrt werden.

Zugthiere, welche schon einmal durchgegangen sind, darf der Führer unter keinen Umständen sich selbst überlassen.

§ 56. Fuhrwerke auf öffentlicher Straße zu beladen oder abzuladen, ist nur gestattet, wenn das betreffende Grundstück keinen zu diesem Zweck geeigneten Hofraum bezw. keine geeignete Einfahrt hat und wenn nicht schon an dem gegenüberliegenden Hause ein Wagen behufs Be- oder Entladung angefahren ist.

Solchen Falls muß jedoch das Geschäft des Be= und Abladens sofort nach Aufstellung des Fuhrwerks begonnen und ohne Unterbrechung zu Ende geführt und demnächst das Fuhrwerk sofort entfernt werden. Es ist verboten, das Fuhrwerk und die Bespannung quer über den Fahrdamm aufzustellen.

Kann das Auf= und Abladen nicht in möglichst kurzer Frist ausgeführt werden, so muß das Geschäft in den Frühstunden, wo die Straßen noch nicht für den öffentlichen Verkehr in Anspruch genommen sind, abgemacht werden, und zwar im Sommer bis 6 Uhr und im Winter bis 7 Uhr Morgens.

§ 57. Unbespannte Fuhrwerke dürfen auf öffentlichen Straßen nicht aufgestellt werden.

Wer genöthigt ist, Fuhrwerk über Nacht auf der Straße stehen zu lassen, hat dazu die Erlaubniß der Polizeibehörde nachzusuchen, und muß dann das Fuhrwerk so gestellt werden, daß der Verkehr nicht gestört wird. Von eintretender Dunkelheit an bis zum Tagesanbruch muß vorn und hinten an dem Fuhrwerk je eine brennende Laterne angebracht sein.

§ 58. Alles Fuhrwerk hat während der Fahrt, soweit nicht örtliche Hindernisse entgegenstehen, stets die rechte Seite der Fahrbahn inne zu halten. Das Ausweichen geschieht nach rechts, in der Regel mit halber Spur. Unbeladene Fuhrwerke weichen beladenen, falls der Raum es gestattet, mit ganzer Spur aus.

Inmitten des Fahrdammes, auf Brücken und Eisenbahn=Uebergängen ist das Stillhalten untersagt.

Wo auf den Straßen die Schienengeleise der Pferde=Eisenbahn nach einer Seite gelegt sind, darf die frei bleibende Seite allein zum Halten von Fuhrwerken und zum Abladen benutzt werden.

§ 59. Fuhrwerk, Reiter, Fußgänger und Viehtreiber sind gehalten, marschirenden Militärabtheilungen und Leichenzügen, sowie den Fahrzeugen und Mannschaften der Feuerwehr und den Pferdebahnwagen auszuweichen oder, wenn es an Raum zum Ausweichen fehlt, so lange zu halten, bis jene vorüber sind. Wo dieses nicht möglich ist, haben sie durch schnelles Voraneilen den Weg frei zu machen.

Kein Privat=Fuhrwerk darf durch vorbeimarschirende Militärtruppen durchfahren.

§ 60. Wenn an den Eisenbahn=Uebergängen die Wegeschranken geschlossen sind, dürfen nach deren Oeffnung die vor denselben stehen gebliebenen Fuhrwerke erst dann sich in Bewegung setzen und über die Bahngeleise fahren, nachdem das dort angesammelte Publikum dieselben überschritten hat.

§ 61. Ist beim Andrängen von Fuhrwerken nach dem nämlichen Ziele eine Reihenfolge polizeilich angeordnet worden oder von selbst entstanden, so hat jedes neu hinzukommende Fuhrwerk dem letzten in der Reihe sich anzuschließen.

Kein Fuhrwerk darf aus der Reihe ausbrechen, vorfahrende überholen oder sich in die Reihe eindrängen.

§ 62. Fuhrwerk, welches nicht auf Federn ruht oder in Federn hängt, insbesondere alle Lastwagen und Karren, mögen sie beladen oder unbeladen sein, desgleichen solches Fuhrwerk, welches vermöge seiner Bauart oder Ladung bei schneller Bewegung ein starkes Geräusch verursacht, darf überall nicht anders wie im Schritt fahren.

§ 63. Auch alles übrige Fuhrwerk muß im Schritt fahren:
1) in der Nähe der Kirchen während des Gottesdienstes, sowie in der Nähe der Krankenhäuser;
2) beim Einbiegen aus einer Straße in die andere;
3) bei der Ausfahrt aus Grundstücken, welche an die öffentliche Straße grenzen, und bei der Einfahrt in dergleichen Grundstücke;
4) überall wo ein ungewöhnlich starker Verkehr von Wagen, Reitern und Fußgängern stattfindet;
5) an allen Orten, wo ein öffentlicher Anschlag das Fahren in schnellerer Gangart untersagt;
6) über nicht gewölbte Brücken.

Im Uebrigen darf solches Fuhrwerk auf den öffentlichen Verkehrsstraßen nicht schneller als in kurzem Trabe fahren.

§ 64. Fuhrwerke hintereinander zu binden und solche durch ein Gespann zu transportiren, ist untersagt; ebenso ist das Anhängen von Handwagen verboten.

§ 65. Die Benutzung von Fahrzeugen aller Art, welche vermöge ihrer Beschaffenheit geeignet sind, die Straßen und Wege zu beschädigen, namentlich der Gebrauch von Fuhrwerken mit untergelegten Schleifen zum Fortschaffen von Rundhölzern ist verboten.

Wenn mittels eines Fuhrwerks Bauhölzer oder andere besonders lange Gegenstände durch die Straßen der Stadt gefahren werden, welche hinten mehr als zwei Meter über das Fuhrwerk hinausstehen, so muß dasselbe außer von dem Führer von einer zweiten Person begleitet sein.

§ 66. Straßen, an deren Eingang ein öffentlicher Anschlag die Einfahrt verbietet, dürfen von den betreffenden Stellen aus nicht befahren werden.

§ 67. Während der Wintermonate bei Schneebahn müssen alle Fuhrwerke mit Schellengeläute versehen sein.

§ 68. Jede muthwillige Beunruhigung der Einwohner durch Klopfen, Schellen, Knallen mit der Peitsche ist untersagt.

§ 69. Das Befahren der Buchheimerstraße von der Wallstraße bis zur Freiheitstraße ist nur in einer Richtung und zwar von der Freiheitstraße her gestattet. Auf dieser Strecke darf nur im Schritt gefahren werden.

Das Befahren des von der Frankfurterstraße nach dem katholischen Friedhofe und von dort nach Buchheim führenden Weges wird hierdurch für jegliches Fuhrwerk, mit Ausnahme der zur Bestellung usw. anschießender Grundstücke nothwendigen Ackerfuhren und der mit dem Friedhof in Verbindung stehenden Wagen untersagt.

§ 70. Zum An- und Abfahren von Baugrund und Baumaterialien zu und von Baustellen, Lagerplätzen, Lehm-, Kies- und Sandgruben mit von Pferden gezogenen Lastwagen muß von der An- oder Abfahrtsstelle bis zur nächsten befestigten Straße eine das Erdreich bedeckende feste Fahrbahn (Pflaster, eiserne Schienen, Bohlenbelag), welche stets in dem zweckentsprechenden Zustande zu erhalten ist, hergestellt und ausschließlich benutzt werden.

Ausnahmen hiervon können auf Antrag zugelassen werden, wenn nachgewiesen wird, daß die Herstellung der Fahrbahn mit überwiegenden Schwierigkeiten verbunden ist, und anderweitig Vorkehrungen zur Verhütung von Ueberanstrengung und Mißhandlung der Pferde getroffen werden.

Auf Straßenbauten bezw. Pflasterungen findet die vorstehende Verordnung keine Anwendung.

C. Beschädigung und Belästigung durch Thiere.

§ 71. Bissige Last- und Zugthiere müssen mit starken Maulkörben versehen sein, die das Beißen nach den Vorübergehenden unmöglich machen.

§ 72. Das Zureiten und Einfahren von Pferden auf den Straßen und Plätzen der Stadt ist nicht gestattet.

Der Reitverkehr hat sich ausschließlich auf die Fahrdämme und die durch öffentlichen Anschlag als solche kenntlich gemachten Reitwege zu beschränken.

Reiter mit Handpferden dürfen nicht anders wie im Schritt reiten.

§ 73. Jeder Viehtransport, welcher nicht durch Fuhrwerk erfolgt, muß ohne jeden Aufenthalt vor sich gehen. Größere Thiere, (Pferde, Rindvieh, Schweine,) dürfen niemals frei durch die Straßen getrieben werden, sondern müssen beim Transport dergestalt gefesselt sein, daß der Führer sie zu jeder Zeit in seiner Gewalt hat. Als Führer dürfen nur erwachsene Personen verwendet werden.

Geschieht der Transport mittels Fuhrwerks, so dürfen die Thiere nicht geknebelt sein, nicht übereinanderliegen oder mit den Köpfen vom Fuhrwerke herunterhängen. (Siehe Verfügung der Königlichen Regierung zu Köln vom 6. April 1875.) (Im Anhange abgedruckt.)

§ 74. An Sonn- und Festtagen ist jeder Viehtransport untersagt.

§ 75. An Laternenständern und Zweigröhren der Gasbeleuchtung, vor den Häusern oder Abschlußmauern und Zäunen dürfen Pferde, Esel, Hunde oder sonstige Zug- und Lastthiere nicht angebunden werden.

§ 76. Wer Hunde auf öffentlicher Straße oder an Orten, wo Menschen verkehren, ohne Maulkorb frei umherlaufen läßt, ist strafbar. Ueberdies sollen Hunde, welche der vorstehenden Anordnung zuwider ohne Maulkorb betroffen werden, durch eine hierzu bestimmte Person eingefangen werden, bei welcher sie, insofern sich Zeichen der Hundswuth nicht kund geben, binnen einer Frist von 3 Tagen gegen Erlegung von drei Mark Fanggeld und 25 Pfennig Futterkosten für den Tag vom Eigenthümer zurückgeholt werden können.

Hunde, welche im Verlauf von drei Tagen nicht zurückgeholt werden, werden getödtet.

Jede Behinderung des mit dem Einfangen der Hunde beauftragten Abdeckers oder der Gehülfen desselben in der Ausübung des Einfangens, entweder dadurch, daß dem Abdecker oder den Gehülfen die zu fangenden Hunde entrissen oder diese ergriffen oder zu ergreifen versucht werden, ist verboten.

§ 77. Hunde, welche zum Bewachen von Buden, Fuhrwerken usw. auf und an den Straßen und öffentlichen Plätzen benutzt werden, sowie Ziehhunde müssen an das Fuhrwerk kurz angekettet und mit Maulkörben versehen sein. Ausgenommen sind die Schäfer- und Jagdhunde für die Zeit, in welcher dieselben zum Hüten oder Jagen benutzt werden; ferner Hunde, welche an einer höchstens 1½ Meter langen und entsprechend starken Leine geführt werden.

Im Uebrigen wird auf die Vorschriften der Polizei-Verordnung des Königlichen Herrn Regierungs-Präsidenten zu Köln vom 26. September 1890, betreffend das Halten und den Gebrauch von Hunden, Bezug genommen. (Im Anhange abgedruckt.)

§ 78. Der Maulkorb muß aus Metall und so eingerichtet sein, daß er das Beißen verhindert und zugleich geräumig genug ist, um dem Hunde das freie Athmen und Abkühlen der Zunge zu gestatten.

§ 79. Der Eigenthümer einer läufigen Hündin darf selbige auf den Straßen nicht frei umherlaufen lassen, auch dann nicht, wenn sie mit einem Maulkorbe versehen ist.

Das Anhetzen der Hunde gegen Menschen oder Thiere, ebenso das Zerren derselben ist verboten. Hunde dürfen zur Nachtszeit nicht aus den Häusern ausgeschlossen und müssen überhaupt so gehalten werden, daß sie nicht durch Geheul oder Bellen die nächtliche Ruhe stören.

§ 80. Zum Viehtreiben innerhalb der Stadt dürfen Hunde nicht benutzt werden.

V. Strafbestimmungen.

§ 81. Soweit nicht die allgemeinen Strafgesetze eine härtere Strafe bestimmen, verfällt ein Jeder, der eine Zuwiderhandlung gegen die vorstehenden Bestimmungen sich zu Schulden kommen läßt, in eine Geldstrafe bis zu dreißig Mark und im Zahlungs-Unvermögensfalle in verhältnißmäßige Haftstrafe.

§ 82. Wer es unterläßt, den nach diesen Verordnungen ihm obliegenden Verpflichtungen nachzukommen, hat, abgesehen von der Bestrafung, zu gewärtigen, daß das Versäumte im Wege des Zwangsverfahrens auf seine Kosten zur Ausführung gebracht wird.

§ 83. Unter der Bezeichnung „öffentliche Straße" in den vorstehenden Bestimmungen sind auch die Bürgersteige, öffentliche Plätze, Wege, Brücken und Durchgänge sowie solche in Privat-Eigenthum stehende Straßen, Wege und Plätze usw. begriffen, auf welchen thatsächlich ein öffentlicher Verkehr stattfindet.

VI. Aufhebung älterer Bestimmungen.

§ 84. Die gegenwärtige Verordnung tritt nach erfolgter Veröffentlichung sofort in Kraft.

Durch dieselbe verlieren alle entgegenstehenden älteren Polizei-Verordnungen ihre Kraft und werden insbesondere die Orts-Polizei-Verordnungen vom 20. August 1832, 2. Mai 1868 und 15. Dezember 1890 hierdurch aufgehoben.

Mülheim am Rhein, den 24. November 1892.

Die Polizei-Verwaltung:
Der Bürgermeister: **Steinkopf.**

Genehmigt durch Verfügung des Herrn Regierungs-Präsidenten vom 18. Februar 1893 — A 4374. —

Polizei-Verordnung.*)

Auf Grund der §§ 5 und 6 des Gesetzes über die Polizei-Verwaltung vom 11. März 1850 sowie der durch Verfügung der Königlichen Regierung zu Köln vom 29. April 1881 B 6968 genehmigten Verordnung, betreffend die Erhebung von Armen-Abgaben für öffentliche Lustbarkeiten vom 4. Mai 1881 wird in Gemäßheit des § 143 des Gesetzes über die allgemeine Landesverwaltung vom 30. Juli 1883, für den Umfang der Bürgermeisterei Mülheim am Rhein verordnet, was folgt:

§ 1. Die Maskeraden auf den Straßen und öffentlichen Plätzen sind nur an den drei Fastnachtstagen, nämlich am 4., 5. und 6. Februar dieses Jahres erlaubt.

Oeffentliche Aufzüge oder Versammlungen maskirter Personen dürfen nur nach vorher eingeholter schriftlicher Genehmigung der Polizeibehörde stattfinden. — Alle maskirten Personen, die auf den Straßen oder auf den Bällen und an sonstigen der öffentlichen Lustbarkeit gewidmeten Orten, zu welchem dem Publikum der Zutritt gegen Eintrittsgeld gestattet ist, erscheinen, sind verbunden, sich mit einer Polizeikarte, welche auf Verlangen der Polizeibeamten denselben vorzuzeigen ist, zu versehen. Diese Karten sind auf einen Tag gültig und können gegen eine zur Armenkasse fließende Gebühr von 25 Reichspfennigen pro Karte auf dem hiesigen Polizeiamte im Rathhause unten links in Empfang genommen werden.

§ 2. Verboten sind alle Maskeraden, sowie die Anheftung von bildlichen Darstellungen, Liedern, Zetteln und dergleichen, welche gegen die Religion und guten Sitten verstoßen, für Gegenstände der öffentlichen Achtung, sowie für obrigkeitliche und Privatpersonen beleidigend sind, überhaupt das Anstandsgefühl verletzen.

§ 3. Ebenso ist es maskirten Personen untersagt, auf den Straßen, Bällen oder Tanzböden bewaffnet mit Stöcken oder sonstigen zum Schlagen dienenden Gegenständen (z. B. Pritschen, wenn sie aus Holz oder anderem festen Material bestehen) versehen zu erscheinen, die Ehrbarkeit durch Aeußerungen oder Geberden zu verletzen, Veranlassung zu Streitigkeiten zu geben und auf irgend eine Weise die Ruhe zu stören.

§ 4. Es ist ferner untersagt: der Gebrauch von mißtönenden Instrumenten (Nebelhörnern rc.), das Werfen mit Knallerbsen, das Necken und Belästigen des Publikums mittelst Pfauenfedern, das Singen zweideutiger Lieder oder von Liedern unzüchtigen Inhalts auf den Straßen

---

*) Vorstehende Polizei-Verordnung wird alljährlich für die Fastnachtstage neu erlassen.

und in den Wirthschaften, sowie das Musiziren, Singen und Schreien auf den Straßen nach 11 Uhr Abends.

§ 5. Ob eine Person als maskirt zu betrachten, ist im einzelnen Falle von dem dienstthuenden Polizeibeamten zu entscheiden.

§ 6. Wenn eine maskirte Person durch einen Polizeibeamten aufgefordert wird, demselben zu folgen, so ist sie gehalten, dieser Aufforderung unweigerlich Folge zu leisten, um die verlangte Aufklärung zu geben, auch auf erhaltene Weisung die Straßen zu verlassen.

§ 7. Personen, welche theatralischen Vorstellungen beiwohnen, dürfen Gesichtsmasken nicht tragen.

§ 8. Personen, welche auf den Straßen und in den Wirthschaftslokalen im Umherziehen gewerbsmäßig Musik aufführen und Schaustellungen oder sonstige Lustbarkeiten öffentlich darbieten wollen, bedürfen dazu des gesetzlich vorgeschriebenen Legitimationsscheines und außerdem der Erlaubniß der Ortspolizeibehörde.

Diese Erlaubniß muß vorher auf dem Polizeiamte hierselbst nachgesucht und ertheilt sein.

§ 9. Das Fahren und Reiten durch die Straßen darf nur mit der größten Vorsicht stattfinden. Den Kutschern wird es zur strengsten Pflicht gemacht, rechts auszuweichen und beim Einbiegen aus einer Straße in die andere nur im Schritt zu fahren.

§ 10. Eltern, Vormünder und Erzieher werden an die gesetzliche Verantwortlichkeit erinnert, welcher zufolge sie zu verhindern verpflichtet sind, daß ihre jüngeren Kinder oder Pflegebefohlenen ohne Aufsicht auf den Straßen oder öffentlichen Plätzen der hiesigen Stadt herumlaufen oder auf den Straßen Unfug irgend einer Art verüben.

§ 11. Alle Nachtbälle ohne Unterschied müssen spätestens um 3 Uhr Nachts geschlossen werden.

§ 12. Zuwiderhandelnde verfallen in eine Geldstrafe bis zu neun Mark, oder im Nichtzahlungsfalle in eine verhältnißmäßige Haftstrafe, insofern durch die Uebertretung nicht etwa eine höhere gesetzliche Strafe verwirkt ist, und haben nach Umständen zu erwarten, daß sie in polizeiliche Verwahrung genommen werden.

Vorstehende Polizei-Verordnung, welche am Rathhause hierselbst angeschlagen ist, tritt sofort in Kraft.

Mülheim am Rhein, den 29 Januar 1894.

Die Polizei-Verwaltung:
Der Bürgermeister: **Steinkopf**.

Kreis-Polizei-Verordnungen.

Kreis-Polizei-Verordnung

betreffend das Zusammenwohnen von Ziegelarbeitern und sonstigen industriellen oder landwirthschaftlichen Arbeitern beiderlei Geschlechts.

Auf Grund des § 6 des Gesetzes über die Polizeiverwaltung vom

11. März 1850 (G. S. S. 265) und des § 142 des Gesetzes über die allgemeine Landesverwaltung vom 30. Juli 1883 (G. S. S. 195) wird mit Zustimmung des Kreis-Ausschusses für den Umfang des Kreises Mülheim a. Rhein nachstehende Polizei-Verordnung erlassen.

§ 1. Das Zusammenwohnen von Ziegelarbeitern und sonstigen industriellen oder landwirthschaftlichen Arbeitern beiderlei Geschlechts in Baracken, Scheunen oder anderen für den gemeinsamen Aufenthalt von Arbeiterfamilien dienenden Räumen während der Nachtzeit wird hiermit untersagt.

§ 2. Der Arbeitgeber ist verpflichtet, den weiblichen Arbeitern und den Familien mit Kindern unter 14 Jahren gesonderte Schlafräume anzuweisen, welche von denen der männlichen Arbeiter vollständig getrennt sind.

§ 3. Arbeitgeber, sowie Arbeiter beiderlei Geschlechts, welche den Vorschriften dieser Verordnung zuwiderhandeln, werden mit einer Geldbuße von 3 Mark bis zu 30 Mark bestraft.

§ 4. Die Verordnung tritt nach erfolgter Publikation sofort in Kraft.

Mülheim a. Rhein, den 20. März 1889.

Der Königliche Landrath:
gez. **von Niesewand.**

Kreis-Polizei-Verordnung

betreffend das Rauchen von Personen unter 16 Jahren auf öffentlichen Wegen, Straßen, Plätzen rc.

Auf Grund des § 6 des Gesetzes über die Polizeiverwaltung vom 11. März 1850 (G. S. S. 265) und des § 142 des Gesetzes über die allgemeine Landesverwaltung vom 30. Juli 1883 (G. S. S. 195) wird mit Zustimmung des Kreis-Ausschusses für den Umfang des Kreises Mülheim a. Rhein nachstehende Polizei-Verordnung erlassen.

§ 1. Personen unter 16 Jahren wird hiermit das Rauchen auf öffentlichen Wegen, Straßen und Plätzen rc. untersagt.

§ 2. Zuwiderhandlungen gegen diese Vorschrift werden an dem Kontravenienten oder dessen Eltern oder Vormunde mit einer Geldstrafe von 1 bis 30 Mark bestraft.

§ 3. Vorstehende Polizei-Verordnung tritt nach geschehener Publikation sofort in Kraft.

Mülheim a. Rhein, den 24. April 1889.

Der Königliche Landrath:
gez. **von Niesewand.**

Kreis-Polizei-Verordnung.

Auf Grund des § 6 des Gesetzes über die Polizei-Verwaltung vom 11. März 1850 (G. S. S. 265) und des § 142 des Gesetzes über die allgemeine Landesverwaltung vom 30. Juli 1883 (G. S. S. 195) wird mit Zustimmung des Kreis-Ausschusses für den Umfang des Kreises Mülheim a. Rhein nachstehende Polizei-Verordnung erlassen.

§ 1. Gast- und Schenkwirthen, sowie denjenigen Personen, welchen der Verkauf und Ausschank von Bier, Branntwein und anderen Spirituosen polizeilich gestattet ist, wird hiermit untersagt, Bier, Branntwein sowie geistige Getränke aller Art an Personen unter 16 Jahren, außerdem allen Schülern öffentlicher Unterrichts-Anstalten ohne Unterschied des Alters zum Genuß auf der Stelle zu verabreichen, es sei denn, daß diese sich in Begleitung ihrer Eltern, erwachsener Angehörigen, Vormünder oder Lehrer, oder auf Reisen und Ausflügen befinden.

§ 2. Zuwiderhandlungen gegen diese Vorschrift werden mit einer Geldbuße von 3 bis 30 Mark gestraft. Wiederholte Zuwiderhandlungen ziehen die Einleitung des Verfahrens auf Konzessionsentziehung gemäß § 33 und 53 der Reichsgewerbeordnung in der Fassung vom 1. Juli 1883 nach sich.

§ 3. Vorstehende Verordnung tritt nach erfolgter Publikation sofort in Kraft.

Mülheim a. Rhein, den 24. April 1889.

Der Königliche Landrath:

gez. **von Niesewand.**

Vorstehende Polizei-Verordnungen sind vorschriftsmäßig publizirt worden.

Mülheim a. Rhein, den 3. August 1893.

Der Königliche Landrath:

J. V.

Schroeder,
Kreissekretär.

Kreis-Polizei-Verordnung

betreffend die Beobachtung der beim Ausbruch der Maul- und Klauenseuche des Rindviehes, der Schafe, Ziegen und Schweine angeordneten Gehöftssperre.

Auf Grund des § 6 des Gesetzes über die Polizei-Verwaltung vom 11. März 1850 (G. S. S. 265) und des § 142 des Gesetzes über die allgemeine Landesverwaltung vom 30. Juli 1883 (G. S. S. 195) wird für den Umfang des Kreises Mülheim a. Rhein unter Zustimmung des Kreisausschusses nachstehende Polizei Verordnung erlassen:

§ 1. Das Betreten von Stallungen oder Weiden, in bezw. auf welchen sich mit der Maul- oder Klauenseuche behaftetes Vieh befindet, ist nur dem Besitzer des Viehes, dem zur Wartung desselben bestellten Personale und den Thierärzten gestattet. Andere Personen dürfen Stallungen oder Weiden der vorgedachten Art nur nach zuvoriger Erlaubniß der Ortspolizeibehörde besuchen.

§ 2. Personen, welche Stallungen und Weiden der im § 1 bezeichneten Art betreten haben, müssen während einer achttägigen Frist anderen Stallungen und Weiden fern bleiben, es sei denn, daß sie sich zuvor einer gründlichen Desinfektion unterworfen haben und außerdem ein Kleiderwechsel bei ihnen stattgefunden hat.

§ 3. Wer den vorstehenden Bestimmungen zuwiderhandelt, wird, sofern nicht nach den bestehenden gesetzlichen Vorschriften eine höhere Strafe verwirkt ist, mit Geldstrafe bis zu 30 Mark bestraft, an deren Stelle im Unvermögensfalle eine verhältnißmäßige Haftstrafe tritt.

§ 4. Diese Polizei-Verordnung, durch welche die Strafvorschriften im § 65 Nr. 2 des Reichsgesetzes vom 23. Juni 1880 hinsichtlich der Anzeigepflicht von Seuchenausbrüchen und verdächtigen Erscheinungen nicht berührt werden, tritt mit dem Tage der Verkündigung in Kraft.

Mülheim a. Rhein, den 26. Mai 1893.

Der Königliche Landrath:
von Riesewand,
Geheimer Regierungsrath.

Regierungs-Polizei-Verordnungen.

Polizei-Verordnung
betreffend den Transport von Schlachtvieh und Geflügel.

Auf Grund der §§ 5 und 11 des Gesetzes über die Polizei-Verwaltung vom 11. März 1850 wird in Betreff der Behandlung des Schlachtviehes und Geflügels auf Transporten für den Umfang unseres Verwaltungsbezirkes hierdurch nachstehende Polizei-Verordnung erlassen.

§ 1. Beim Treiben des Schlachtviehs ist jede rohe Behandlung der Thiere, insbesondere das Hetzen von Hunden ohne Maulkörbe auf dieselben, das Stechen und Stoßen mit spitzen Gegenständen, sowie das Quetschen und Drehen des Schweifes verboten.

§ 2. Bullen müssen bei allen Transporten an den Füßen in üblicher Weise gefesselt werden, um das Durchgehen zu verhüten. Für jedes dieser Thiere müssen mindestens zwei kräftige Transporteure gestellt werden.

§ 3. Die zur Beförderung von Schlachtvieh benutzten Fuhrwerke müssen so geräumig sein, daß die Thiere, ohne gepreßt oder gescheuert zu werden, neben einander stehen oder liegen können. Werden die Thiere zum Zwecke des Transportes geknebelt, so muß solches in einer Weise geschehen, daß beim Zusammenbinden der Füße die Haut nicht verletzt wird. Für geknebelte Thiere ist eine starke Unterlage von Stroh oder anderem weichem Material zu beschaffen und müssen dieselben so gelagert werden, daß Kopf und Hals nicht nach abwärts hangen. Beim Ein- und Ausladen sind die Thiere zu heben, nicht zu werfen.

§ 4. Käfige und andere Behälter, in welchen Geflügel transportirt wird, müssen so eingerichtet sein, daß es den Thieren während des Transportes nicht an Luft fehlt. Der Transport in Säcken ist untersagt.

§ 5. Insoweit für einzelne Orte unseres Verwaltungsbezirkes besondere, mit vorstehenden Vorschriften nicht in Widerspruch stehende Verordnungen über den Transport von Schlachtvieh und Geflügel bestehen, verbleibt es bei denselben.

§ 6. Zuwiderhandlungen gegen die in den §§ 1 bis 4 enthaltenen Vorschriften werden, soweit sie nicht auf Grund des Strafgesetzbuches eine härtere Strafe nach sich ziehen, mit Geldbuße von 1 bis 30 Mark und im Unvermögensfalle mit verhältnißmäßiger Haft bestraft.

Köln, den 6. April 1875.

Königliche Regierung.

Polizei-Verordnung

betreffend den Transport wilder Thiere.

Auf Grund der §§ 6, 11 und 12 des Gesetzes über die Polizei-Verwaltung vom 11. März 1850 und §§ 137 und 139 des Gesetzes über die allgemeine Landesverwaltung vom 30. Juli 1883 erlasse ich mit Zustimmung des Bezirks-Ausschusses hierselbst für den Umfang des Regierungs-Bezirks Köln nachstehende Polizei-Verordnung.

§ 1. Der Transport wilder Thiere auf öffentlichen Wegen, Straßen oder Plätzen ist nur nach zuvor eingeholter und ertheilter schriftlicher Erlaubniß der Polizeibehörde, durch deren Verwaltungsbezirk der Transport stattfindet, gestattet.

§ 2. Der Transport wilder Thiere darf sodann nur unter Beobachtung folgender Vorsichtsmaßregeln erfolgen:

a. Jeder Transport wilder Thiere muß mit ausreichendem Aufsichtspersonal versehen sein, von welchem wenigstens ein Mitglied mit einer Schußwaffe ausgerüstet ist.

b. Jedem Transport wilder Thiere muß ein Begleiter in angemessener, mindestens fünfzig Schritt betragenden Entfernung vorangehen, welcher die entgegenkommenden Führer von Fuhrwerken und Fußgänger auf den Transport aufmerksam zu machen und sie vor den Gefahren derselben zu warnen verpflichtet ist.

c. Der Transport wilder Thiere, mit Ausnahme von Kameelen, gezähmten Bären und Elephanten, welche auch an starken eisernen Ketten geführt werden dürfen, ist nur mittelst Käfige gestattet, die mit starken eisernen Gittern und außerdem mit Seitenwänden ohne Oeffnungen versehen sind, so daß ein Ausbrechen der Thiere und eine Beschädigung von Personen durch dieselben ausgeschlossen erscheint.

§ 3. Uebertretungen dieser Polizei-Verordnung werden mit Geldstrafe bis zum Betrage von 60 Mark bestraft.

Köln, den 2. Oktober 1891.

Der Regierungs-Präsident:
(gez.) **von Sydow.**

Polizei-Verordnung.

betreffend das Halten und den Gebrauch von Hunden.

Auf Grund §§ 6, 12, 15 des Gesetzes über die Polizei-Verwaltung vom 11. März 1850 und der §§ 137 und 139 des Gesetzes über die allgemeine Landesverwaltung verordne ich unter Zustimmung des Bezirks-ausschusses für den Umfang des Reg.-Bez. Köln.

§ 1. Außerhalb der Wohnungen bezw. geschlossenen Gehöfte müssen alle Hunde mit einer den Namen und Wohnort des Besitzers deutlich enthaltenden Bezeichnung (auf einem Halsband, einer Marke, Platte oder dergl.) versehen sein.

§ 2. Außerhalb der Wohnungen bezw. geschlossenen Gehöfte müssen Metzgerhunde und Ziehhunde, sowie alle bösartigen Hunde mit einem das Beißen vollständig verhindernden Maulkorbe versehen sein. Als bösartig sind namentlich auch diejenigen Hunde anzusehen, welche die Polizeibehörde den Besitzern durch schriftliche Verfügung als solche bezeichnet hat.

§ 3. Uebertretungen der vorstehenden Bestimmungen werden, unbeschadet der nach dem Reichs-Straf-Gesetzbuch etwa verwirkten höheren Bestrafung an dem Besitzer des Hundes mit einer Geldstrafe bis zu 30 Mk. geahndet, an deren Stelle im Unvermögensfalle eine entsprechende Haftstrafe eintritt.

§ 4. Vorstehende Polizei-Verordnung tritt vom 1. Januar 1891 ab in Kraft. Alle denselben Gegenstand betreffenden von der Königlichen Regierung und den Ortspolizeibehörden erlassenen Vorschriften, insbesondere die Regierungs-Polizei-Verordnung vom 2. Juni 1840 sind von diesem Tage ab aufgehoben.

§ 5. Unberührt von dieser Polizei-Verordnung bleiben diejenigen Vorschriften, durch welche
1. Schutzmaßregeln gegen die Tollwuth der Hunde angeordnet sind,
2. das Einfangen und Tödten vorschriftswidrig umherlaufender Hunde angeordnet ist,
3. für Städte der Maulkorbzwang allgemein eingeführt ist,
4. in Ansehung bestimmter Oertlichkeiten und Räumen das Mitbringen von Hunden verboten oder nur unter besonderen Bedingungen gestattet ist,
5. das freie Umherlaufen der Hunde mit Ausnahme der Jagdhunde bei berechtigter Ausübung der Jagd und der Hirtenhunde beim Hüten der Viehherden verboten wird.

Köln, den 26. September 1890.

Der Regierungs-Präsident:
von Sydow.

Bekanntmachung.

Auf Veranlassung der höheren Behörde bringe ich hiermit die nachfolgenden Vorschriften der Polizei-Verordnung Königl. Regierung zu Köln vom 3. Januar 1854 betreffend die äußere Heilighaltung der Sonn- und Feiertage mit dem Bemerken in Erinnerung, daß gemäß § 1 qu. Verordnung die gewöhnliche und regelmäßige Dauer des vor- und nachmittägigen Haupt-Gottesdienstes beider christlichen Konfessionen an den Sonn- und Festtagen für die Bürgermeisterei der Stadt Mülheim mittelst Ortspolizeiverordnung vom 9. Februar 1854 auf die Stunden von 9 bis 11 Uhr Vormittags und von 2½ bis 3½ Uhr Nachmittags festgesetzt und die Polizeibeamten angewiesen sind, die Befolgung dieser Vorschriften strenge zu überwachen, und gegen Diejenigen, welche denselben zuwiderhandeln, das Strafverfahren einzuleiten.

Mülheim, den 21. Mai 1878.

Der Bürgermeister: **Steinkopf.**

---

§ 2. Alle öffentlich bemerkbaren Arbeiten sowohl als alle geräuschvollen Beschäftigungen in den Häusern werden an den Sonn= und Haupt=Festtagen untersagt.

Zu den hiernach verbotenen Beschäftigungen gehören beispielsweise:
a) die gewöhnlichen Arbeiten der Feldbestellung, Saat, Ernte, des Ausdreschens und Düngerfahrens;
b) alle sonstigen Erd= und Kultur=Arbeiten in Feldern, Gärten, Weinbergen, Wiesen, Forsten und Anpflanzungen;
c) das Auf= und Abladen der Frachtfuhrwerke auf öffentlichen Straßen und Plätzen, desgleichen in geschlossenen Höfen, wenn es dort nicht ohne öffentlich bemerkbares Geräusch vorgenommen werden kann; — (wogegen der Transport von Lasten und Frachtgütern in den dazu bestimmten Fuhrwerken auch ferner an den Sonn= und gedachten Festtagen gestattet ist);
d) der Betrieb solcher Handwerks=Arbeiten, welche, wie diejenigen der Klempner, Schmiede, Stellmacher u. s. w. mit Geräusch verbunden sind;
e) Arbeiten an Bauausführungen aller Art;
f) Arbeiten in den Fabriken.

§ 3. Machen Nothfälle, z. B. anhaltend ungünstige Witterung während der Ernte= oder Saatzeit die Vornahme von Arbeiten dringend nöthig, so kann die Ortspolizeibehörde die Erlaubniß dazu ertheilen. — Doch darf auch in solchen Fällen die Erlaubniß sich nur auf die Zeit nach beendigtem Vormittags=Haupt=Gottesdienste erstrecken.

Auch ohne vorherige Erlaubniß der Ortspolizeibehörde dürfen die nöthigen Arbeiten vorgenommen werden, wenn es sich — wie bei Feuersbrünsten, Ueberschwemmungen u. s. w. von der Abwehr bevorstehender oder Bewältigung bereits eingetretener gemeiner Gefahren oder von einem — augenblickliche Abhülfe erfordernden — Nothstande handelt.

§ 4. Erscheint die Fortsetzung des Betriebs in einzelnen Fabriken oder sonstigen gewerblichen Anlagen aus technischen Rücksichten oder aus anderen Gründen von überwiegender Wichtigkeit auch an Sonn= und Haupt=Festtagen geboten, so kann die Ortspolizeibehörde nach pflichtmäßiger Prüfung der Verhältnisse die Erlaubniß dazu ertheilen. — Wird diese Erlaubniß versagt, so ist dem betreffenden Gewerbetreibenden der Rekurs an die vorgesetzte Behörde gestattet. Auch in solchen Ausnahmefällen ist durch angemessene Eintheilung der Betriebsoperationen und durch Ablösung der Arbeiter dahin zu wirken, daß die letzteren dem Gottesdienste beiwohnen können.

§ 5. Der gewerbliche Verkehr ist während der Dauer des vor- und nachmittägigen Haupt-Gottesdienstes an Sonntagen und Haupt-Festtagen verboten.

Alle Läden, Waarenlager, Magazine und Buden müssen während dieser Zeit geschlossen sein.

Das Aushängen und Ausstellen von Waaren, desgleichen von Schaukasten, das Betreiben des Kaufs und Verkaufs in öffentlich auffälliger Weise und des Hausirhandels ist während des ganzen Tages unbedingt untersagt.

§ 6. Finden konzessionirte Jahrmärkte an Sonn- oder den gedachten Festtagen statt, so fallen die im Schlußsatze des § 5 enthaltenen Beschränkungen für die zwischen dem vor- und nachmittägigen Haupt-Gottesdienste liegende Zeit, sowie nach dem Schlusse des letzteren fort.

§ 7. Die Verabreichung von Speisen und geistigen Getränken in Wirthshäusern und Schankstätten — außer an Reisende — ist während der Dauer des vor- und nachmittägigen Haupt-Gottesdienstes untersagt.

Den Apothekern ist der Verkauf von Arzneimitteln jederzeit gestattet.

§ 8. An den Sonn- und den gedachten Festtagen sind alle mit Geräusch verbundenen gesellschaftlichen Vereinigungen und Vergnügungen an öffentlichen Orten, namentlich das Kegelspiel und Scheiben oder Vogelschießen, desgleichen alle lärmenden Belustigungen in Privatwohnungen und Privatgärten während der Dauer des vor- und nachmittägigen Haupt-Gottesdienstes verboten.

Das Umherziehen von Orgelspielern, Puppenspielern, Thierführern und dergleichen ist erst am Schlusse des Nachmittags-Haupt-Gottesdienstes gestattet.

§ 9. Am Vorabende des ersten Weihnachts-, Ostern- und Pfingsttages, des Charfreitags, des allgemeinen Buß- und Bettages und des dem Andenken der Verstorbenen gewidmeten Jahrestages, so wie an den Abenden dieser Tage selbst, desgleichen während der ganzen Charwoche und am Aschermittwoch, dürfen Bälle und ähnliche Lustbarkeiten nicht gegeben werden.

§ 10. Die Abhaltung von Treib- und Klapper-Jagden ist während der Sonn- und gedachten Festtage unbedingt, die Abhaltung von sonstigen Jagden während der Dauer des vor- und nachmittägigen Haupt-Gottesdienstes untersagt.

---

§ 13. Zuwiderhandlungen gegen die in dieser Verordnung enthaltenen Verbote werden mit den im § 366 Nr. 1 des Strafgesetzbuches vorgesehenen Strafen belegt.

Köln, den 3. Januar 1854.

Königliche Regierung.

Polizei-Verordnung
betr. das Schlafstellenwesen.

Zur Beseitigung der bei dem Schlafstellenwesen hervorgetretenen Mißstände wird auf Grund der §§ 6, 11 und 12 des Gesetzes über die Polizeiverwaltung vom 11. März 1850 für den Umfang des Stadtkreises Köln, des Landkreises Köln und des Kreises Mülheim hierdurch nachstehende Polizei-Verordnung erlassen.

§ 1. Niemand darf in den von ihm und seinen Familienangehörigen benutzten Wohnräumen anderen gegen Entgeld Schlafstelle gewähren, wenn nicht die von ihm selbst, seinen Familienangehörigen und den Schlafleuten zu benutzenden Schlaf-Räumlichkeiten folgenden Anforderungen entsprechen:

a) Jeder Schlafraum muß für diejenigen Personen, welche derselbe für die Schlafzeit aufnehmen soll, mindestens je drei Quadratmeter Bodenfläche und je zehn Kubikmeter Luftraum auf den Kopf enthalten. Für Kinder unter sechs Jahren genügt ein Drittel, für Kinder von sechs bis zu vierzehn Jahren genügen zwei Drittel jener Maaße.

b) Kein Schlafraum darf mit Abtritten in offener Verbindung stehen.

§ 2. Schlafleute dürfen, soweit nicht das Verhältniß von Eheleuten oder von Eltern und Kindern vorliegt, nur in solchen Räumen zum Schlafen untergebracht werden, welche nicht zugleich für Personen des anderen Geschlechts zum Schlafen dienen.

§ 3. Wer Schlafleute aufnimmt, ist verpflichtet, hiervon unter Angabe der Zahl der aufzunehmenden Personen und der für dieselben bestimmten Räumlichkeiten im Stadtkreise Köln dem Polizei-Kommissar der Sektion, im Landkreise Köln und im Kreise Mülheim dem Bürgermeister binnen sechs Tagen Anzeige zu machen. Die Behörde ertheilt hierauf dem Wohnungsinhaber nach Prüfung der von demselben vorzuweisenden Schlafräume und soweit die Aufnahme der Schlafleute nach dieser Polizei-Verordnung zulässig ist, eine Bescheinigung, welche in der Wohnung aufzubewahren und auf polizeiliches Erfordern jedesmal sofort vorzuzeigen ist. In gleicher Weise muß der Wohnungsinhaber die Namen seiner Familien-Angehörigen, wie auch seiner Schlafleute auf polizeiliches Erfordern jederzeit angeben. Sind den Bestimmungen der §§ 1 und 2 zuwider Schlafleute aufgenommen, so ordnet die Polizeibehörde deren Entlassung mit sechstägiger Frist an.

Tritt später eine Vermehrung in dem Familienstande des Wohnungsinhabers oder in der durch die polizeiliche Bescheinigung für zulässig erklärten Zahl der Schlafleute ein, oder werden die angezeigten Schlafräume, wenn auch nur theilweise verringert, so ist eine neue Anzeige unter Beifügung der früheren polizeilichen Bescheinigung erforderlich, auf welche ebenso, wie auf das weitere Verfahren, die Bestimmungen des vorigen Absatzes Anwendung finden.

§ 4. Mit Geldstrafe bis zu dreißig Mark und im Falle des Unvermögens mit verhältnißmäßiger Haft wird bestraft, wer den im § 3 bezeichneten Pflichten zuwiderhandelt oder den in Gemäßheit des § 3 ergehenden polizeilichen Anordnungen und Aufforderungen Folge zu leisten unterläßt, desgleichen, wer Schlafleute der Bestimmung des § 2 zuwider unterbringt. Diese Strafbestimmungen finden auch auf denjenigen Anwendung, welcher mit oder ohne Auftrag des Wohnungsinhabers als dessen Vertreter handelt, oder welcher in Abwesenheit des Wohnungsinhabers als dessen Vertreter zu betrachten ist.

Köln, den 19. Mai 1881.   **Königliche Regierung.**

Polizei-Verordnung
betreffend die Kennzeichnung der Fuhrwerke.

Auf Grund des § 11 des Gesetzes über die Polizei-Verwaltung vom 11. März 1850 wird für den ganzen Umfang unseres Regierungsbezirkes Folgendes verordnet:

§ 1. Vom 1. Februar d. Js. an müssen alle zum Transport von Fracht oder Ladung irgend welcher Art, also nicht ausschließlich zum Transport von Personen, bestimmten Fuhrwerke, sowohl die vierräderigen als auch die zweiräderigen, ohne Unterschied der Bespannung, beim Gebrauche auf öffentlichen Wegen mit dem Vor- und Zunamen und der Wohnung (Ortschaft, Straße und Hausnummer) des Eigenthümers und wenn derselbe mehrere derartige Fuhrwerke hält, mit einer besonderen Nummer bezeichnet sein.

Die Bezeichnung ist auf der rechten Seite an dem Fuhrwerke selbst, oder auf einer an demselben befestigten Tafel in deutlicher und unverwischbarer Schrift von mindestens 5 Centimeter (2 Zoll alter Maaße) Höhe, dergestalt anzubringen, daß sie beständig sichtbar sind.

§ 2. Zuwiderhandelnde verfallen in eine Geldstrafe von 3—30 Mark, bezw. entsprechende Haft.

Köln, den 12. Januar 1877.

Königliche Regierung.

Polizei-Verordnung
betreffend das Polizei-Meldewesen.

Auf Grund § 6 Gesetzes über die Polizeiverwaltung vom 11. März 1850, sowie der §§ 137, 139 und 145 des Landesverwaltungsgesetzes vom 30. Juli 1883 wird mit Zustimmung des Bezirksausschusses unter Abänderung der Polizeiverordnung der Königlichen Regierung hierselbst vom 17. April 1874 (Stück 16 des Amtsblattes von 1874) in Betreff des polizeilichen Meldewesens nachstehende Polizeiverordnung erlassen:

§ 1. Wer zum Zweck des Umzugs seinen bisherigen Wohnsitz oder Aufenthaltsort aufgiebt, ist verpflichtet, vor seinem Abzuge unter Vorlegung seiner Staats- und Kommunalsteuerzettel sich persönlich oder schriftlich abzumelden und anzugeben, wohin er verzieht. Ueber die erfolgte Abmeldung wird eine Abmeldebescheinigung (Abzugsattest) ertheilt.

§ 2. Wer an einem Ort des Regierungsbezirks Köln seinen Wohnsitz oder dauernden Aufenthalt nimmt, hat sich innerhalb 3 Tagen nach dem Anzuge unter Vorlegung der ihm an seinem früheren Wohnorte ertheilten Abmeldebescheinigung (Abzugsattest) persönlich oder schriftlich anzumelden, auch auf Erfordern über seine Angehörigen, seine persönlichen, Steuer- und Militärverhältnisse Auskunft zu geben.

Ueber die erfolgte Anmeldung wird eine Bescheinigung (Anmeldeschein) ertheilt.

§ 3. Die in den §§ 1 und 2 vorgeschriebenen An- und Abmeldungen erfolgen im Stadtkreise (Bürgermeisterei) Köln bei dem Polizei-Kommissar der Sektion, in den übrigen Kreisen bei dem Bürgermeister.

§ 4. Zu den im § 2 vorgeschriebenen Meldungen sind auch diejenigen, welche die betreffenden Personen als Miether, Dienstboten oder in sonstiger Weise aufgenommen haben, innerhalb 8 Tagen nach dem Anzuge verpflichtet, sofern sie sich nicht durch Einsicht der bezüglichen polizeilichen Bescheinigung von der bereits erfolgten Meldung Ueberzeugung verschafft haben.

§ 5. Die Verordnung, durch welche die Vorschriften über die polizeilichen Meldungen beim Fremdenverkehr nicht berührt werden, tritt mit dem 1. August d. J. in Kraft.

Zuwiderhandelnde unterliegen einer Geldstrafe bis zu dreißig Mark.

Köln, den 17. Juli 1891.

Der Regierungs-Präsident:
J. V.
Fink.

Polizei-Verordnung

betreffend Verbot des Sitzens der Fuhrleute auf einspännigen Lastkarren und Fuhrwerken.

Auf Grund der §§ 6, 12 und 15 des Gesetzes über die Polizei-Verwaltung vom 11. März 1850 und § 137 Gesetzes über die allgemeine Landesverwaltung vom 30. Juli 1883 wird unter Zustimmung des Bezirks-Ausschusses für den Umfang des Regierungsbezirks Köln, mit Ausnahme des Stadtbezirks Köln, nachstehende Polizei-Verordnung erlassen:

1. Jedes durch Zugthiere bewegte Fahrzeug muß, falls es nicht vom Sattel gefahren wird, so eingerichtet sein, daß der Platz des Führers demselben freie Aussicht nach allen Seiten gestattet.

2. Bei einspännigen zweirädrigen Karren, Lastwagen, Markt- und Milchfuhrwerken muß der Führer beim Fahren durch Städte und Ortschaften das Zugthier stets vermittelst eines Leitriemens an der Hand leiten und darf sich weder auf das Zugthier noch auf das Fahrzeug setzen; ausgenommen vom letzteren Verbot sind diejenigen Fahrzeuge, die mit einem festen Sitzbock versehen sind.

3. Zuwiderhandlungen gegen diese Polizei-Verordnung werden mit Geldstrafe bis zu 60 Mark geahndet, an deren Stelle im Unvermögensfalle eine entsprechende Haftstrafe tritt.

Diese Polizei-Verordnung tritt mit dem Tage ihrer Verkündigung in Kraft.

Köln, den 26. Oktober 1893.

Der Regierungs-Präsident,
von Sydow.

Vorstehende Polizei-Verordnung wird hierdurch zur weiteren Kenntniß gebracht.

Mülheim am Rhein, den 7. November 1893.

Die Polizei-Verwaltung:
Der Bürgermeister: **Steinkopf.**

Bekanntmachung.

Auf Grund des § 6 alinea f. des Gesetzes über die Polizei-Verwaltung vom 11. März 1850 und §§ 137 ff. des Gesetzes über die allgemeine Landesverwaltung vom 30. Juli 1883 wird hiermit für den Umfang des Regierungsbezirks Köln, vorbehaltlich der Zustimmung des Bezirks-Ausschusses (diese Zustimmung ist unter dem 11. August 1892 ertheilt) nachstehende Polizei-Vorschrift erlassen:

§ 1. Alle Familienhäupter, Haus- und Gastwirthe, Anstaltsvorstände, sowie Medizinalpersonen sind verpflichtet, von den in ihren Familien, ihrem Hause, ihrer Anstalt, sowie ihrer Praxis vorkommenden Cholera- oder choleraverdächtigen Erkrankungs- und Todesfällen, sowie heftigen Brechdurchfällen aus unbekannter Ursache, mit Ausnahme der Brechdurchfälle bei Kindern bis zum Alter von 2 Jahren, ungesäumt schriftlich oder mündlich der zuständigen Orts-Polizeibehörde und gleichzeitig auch direkt dem zuständigen Kreisphysikus Anzeige zu erstatten.

§ 2. Die Unterlassung der im § 1 vorgeschriebenen Anzeigen wird mit Geldstrafe bis zu 60 Mark bestraft.

Köln, den 4. August 1892.

Der Regierungs-Präsident,
J. V.: **Fink.**

Polizei-Verordnung.

Auf Grund § 11 Gesetzes über die Polizei-Verwaltung vom 11. März 1850 erlassen wir hierdurch für den ganzen Umfang unseres Bezirks zum Schutz der Person und des Eigenthums folgende Polizei-Verordnung:

§ 1.

Niemand darf Riemen, Stricke, Gummischläuche, feste Gummistücke oder ähnliche Gegenstände, welche mit Metall oder anderer Beschwerung versehen sind, bei sich führen.

§ 2.

Revolver, Pistolen oder ähnliche Schußwaffen, Dolche oder Dolchmesser, Kugelstöcke, Schlagringe oder Todtschläger darf, von dem gewerblichen Verkehr mit diesen Gegenständen abgesehen, nur derjenige mit sich führen, welcher in einem Waffenschein die Erlaubniß hierzu erhalten hat und diesen Schein bei sich führt.

§ 3.

Zuständig zur Ertheilung des Waffenscheines sind die Ortspolizeibehörden unseres Bezirkes. Gleiche Gültigkeit besitzen die von anderen deutschen Behörden ertheilten Waffenscheine. Der Waffenschein wird in dem Format der Jagdscheine auf starkem blauem Papier nach folgendem Schema ausgefertigt:

Waffenschein Control-Nr. . . .

Dem (Vor- und Zuname, Alter Stand und Wohnsitz des Nachsuchenden) wird hierdurch für das Jahr . . . . widerruflich die Erlaubniß ertheilt, innerhalb des Regierungsbezirks Köln (Angabe der Waffe) mit sich zu führen.

(Ort. Datum.)

(Bezeichnung der Behörde.)
(Siegel. Unterschrift.)

§ 4.

Der in § 3 gedachte Waffenschein wird nur durchaus zuverlässigen Personen widerruflich auf die Dauer eines Jahres ertheilt, wenn das Bedürfniß des Nachsuchenden zum Mitsichführen einer Waffe von der zuständigen Behörde anerkannt wird. Die Ertheilung des Waffenscheines erfolgt gebührenfrei.

§ 5.

Wird der Waffenschein widerrufen, so ist derselbe an die Behörde, welche denselben ausgestellt hat, sofort zurückzugeben. Geschieht dies nicht, so kann der Widerruf durch das Regierungs-Amtsblatt zur öffentlichen Kenntniß gebracht werden.

§ 6.

Der Waffenschein darf einem Anderen nicht zur Benutzung überlassen werden.

§ 7.

Jede Zuwiderhandlung gegen die Verbote und Anordnungen dieser Polizei-Verordnung wird mit einer Geldstrafe bis zu dreißig Mark, im Unvermögensfalle mit verhältnißmäßiger Haft bestraft. Die dem Verbote entgegen getragenen Gegenstände werden sofort konfiszirt.

§ 8.

Die in §§ 2—7 incl. enthaltenen Vorschriften finden keine Anwendung auf die zum Waffengebrauche berechtigten und auf die mit einem Jagdscheine versehenen Personen, für letztere indessen nur bei Ausübung der Jagd, bezw. für die Dauer der ersichtlichen Ausrüstung zu derselben.

§ 9.

Diese Polizei-Verordnung tritt mit dem 1. Mai d. J. in Kraft.

Köln, den 24. Februar 1887.

Königliche Regierung.

Polizei-Verordnung
betr. Anzeigepflicht bei Dyphterie.

Da nach den uns vorliegenden Berichten noch fortdauernd zahlreiche Erkrankungs- und Todesfälle an Diphterie, sowohl für sich wie in Komplikation mit anderen Krankheiten vorkommen, und die Diphterie unter den im Regulativ vom 8. August 1835 sub II aufgeführten ansteckenden Krankheiten, welche der Polizeibehörde anzuzeigen sind, nicht speziell verzeichnet ist, sehen wir uns veranlaßt, auf Grund der §§ 6 und 11 des Gesetzes über die Polizei-Verwaltung vom 11. März 1850 für den Umfang des Regierungs-Bezirks Köln zu verordnen, was folgt:

§ 1.

Alle Familienhäupter, Haus- und Gastwirthe, Aerzte, sowie diejenigen, welche gewerbsmäßig mit Ausübung der Heilkunde sich beschäftigen, sind verpflichtet, jeden in ihren Familien, Häusern oder in ihrer Praxis vorkommenden Fall bösartiger Diphterie unverzüglich der zuständigen Ortspolizei-Behörde mündlich oder schriftlich anzuzeigen.

§ 2.

Zuwiderhandlungen gegen obige Vorschrift werden mit Geldbuße bis zu 30 Mark oder verhältnißmäßiger Haft bestraft.

Köln, den 12. April 1884.

Königliche Regierung.

Polizei-Verordnung

betr. die gegen Verbreitung des Kopfgenickkrampfes zu ergreifenden Maßnahmen.

Auf Grund der §§ 137 und 139 des Landesverwaltungsgesetzes, sowie der §§ 6, 12 und 15 des Polizeiverwaltungsgesetzes vom 11. März 1850, wird zur Verhütung der Verbreitung des als verschleppbar und ansteckend erkannten Kopfgenickkrampfes für den Umfang der Rheinprovinz mit Zustimmung des Provinzialraths hierdurch verordnet, was folgt:

§ 1. Jeder Arzt ist verpflichtet, jeden zu seiner Kenntniß gelangten Fall von Kopfgenickkrampf, (Genickstarre, Gehirn-Rückenmarcks-Entzündung Meningitis cerebrospinalis), sofort der Ortspolizeibehörde des Ortes, an welchem derselbe vorgekommen ist, anzuzeigen.

§ 2. Familienhäupter, Haus-, Gast- und Quartierwirthe, Haushaltungs- und Pensionsvorstände sind verpflichtet:

a) die in ihrer Familie, ihrem Hause, ihrer Wirthschaft oder ihrem Hausstande an Kopfgenickkrampf erkrankten Personen, soweit als thunlich, von Anderen abgesondert zu halten;

b) die Krankenzimmer, die Auswurfstoffe, die Wäsche (namentlich auch Taschentücher), Kleider und die während der Krankheit benutzten sonstigen Sachen des Kranken nach Maßgabe der für ansteckende Krankheiten bestehenden, bezw. von der Ortspolizei-Behörde zu erlassenden Anordnungen vollständig reinigen und desinfiziren zu lassen.

§ 3. Eltern, Pflegeeltern und Vormünder sind verpflichtet, ihre Kinder und Pflegebefohlenen weder die Schule, noch andere Oertlichkeiten, in denen ein Zusammenfluß von Kindern stattfindet, (Privat-Unterrichts- und Erziehungsanstalten, Konfirmations-Unterrichtsräume, Kirchen, Kinderbewahranstalten, Kindergärten, Spiel- oder Warteschulen u. s. w.) besuchen zu lassen, sobald im Hausstande ein Fall von Genickkrampf vorkommt.

§ 4. Eltern, Pflegeeltern und Vormünder sind verpflichtet, bevor ihre vom Kopfgenickkrampf genesenen oder ihre gemäß § 3 vom Schulbesuche 2c. ausgeschlossenen Kinder und Pflegebefohlenen die Schule u. s. w. besuchen,

a) die betreffenden Kinder selbst und deren Kleidungsstücke u. s. w. gründlich nach Anweisung der Ortspolizeibehörde reinigen und desinfiziren zu lassen.

b) eine ärztliche Bescheinigung, daß die Ansteckungsgefahr als beseitigt anzusehen, dem Schul- oder Anstaltsvorsteher, Lehrer u. s. w. vorzulegen.

§ 5. Erkrankt eine in einem Schulhause wohnende oder eine zum Hausstande eines außerhalb des Schulhauses wohnenden Lehrers gehörende Person an Kopfgenickkrampf, so ist der betreffende Haushaltungsvorstand verpflichtet, hiervon sofort außer der Ortspolizeibehörde auch dem betheiligten Schulvorstande (Kuratorium, Schuldeputation u. s. w.) Anzeige zu erstatten.

§ 6. Zuwiderhandlungen gegen die Vorschriften dieser Verordnung werden, sofern nicht nach den allgemeinen Strafgesetzen eine höhere Strafe verwirkt ist, mit einer Geldstrafe bis zu 30 Mark und im Unvermögensfalle mit entsprechender Haft bestraft.

Koblenz, den 22. November 1889.

Der Ober-Präsident der Rheinprovinz,
Freiherr von Berlepsch.

Polizei-Verordnung

betreffend den Verkehr der Fahrräder auf öffentlichen Straßen, Wegen und Plätzen.

Auf Grund der §§ 137 und 139 des Landesverwaltungsgesetzes vom 30. Juli 1883 und gemäß der §§ 6, 12 und 15 des Gesetzes über die Polizei-Verwaltung vom 11. März 1850 wird unter Zustimmung des Provinzialraths für den Umfang der Rheinprovinz Folgendes verordnet:

§ 1. Das Fahren auf Fahrrädern ist nur auf denjenigen Straßen, Straßentheilen (Fahrdämmen) und Wegen erlaubt, auf denen der Fuhrwerks-Verkehr gestattet ist. Verboten ist insbesondere das Fahren auf allen Promenaden und Fußwegen (Bürgersteigen, Banketts). In wie weit öffentliche Plätze, Brücken und einzelne Straßen und Wege überhaupt nicht mit Fahrrädern befahren werden dürfen, bleibt der Bestimmung der Polizeibehörden vorbehalten. Die in dieser Beziehung zur Zeit bereits bestehenden Vorschriften werden durch diese Verordnung nicht berührt.

§ 2. Jedes Fahrrad muß mit einer Bremsvorrichtung sowie mit einer helltönenden Glocke versehen sein, mit welcher die Warnungszeichen abgegeben werden.

Bei starkem Nebel und in der Dunkelheit, jedenfalls in der Zeit von einer halben Stunde nach Sonnenuntergang bis zu einer halben Stunde vor Sonnenaufgang, hat jedes Fahrrad eine hellbrennende Laterne zu führen, deren Licht unbehindert nach vorn fällt. Die Scheiben der Laterne dürfen nicht von farbigem Glase sein.

§ 3. Innerhalb der Ortschaften, insbesondere beim Passiren enger Straßen, und von Thorwegen, an Straßenkreuzungen und beim Einbiegen in eine andere Straße darf mit Fahrrädern nur langsam gefahren werden.

Während der Fahrt ist, soweit nicht örtliche Hindernisse entgegenstehen, stets die rechte Seite der Fahrbahn inne zu halten.

Vor dem Passiren von Straßenkreuzungen und Thorwegen und vor dem Einbiegen in eine andere Straße ist mit der Glocke ein Warnungszeichen zu geben.

§ 4. Entgegenkommenden Fuhrwerken, Reitern und Fußgängern haben Radfahrer rechts auszuweichen.

Entgegenkommende Fuhrwerke und Reiter haben den Radfahrern soviel Platz einzuräumen, daß Letztere auf dem Fahrdamme ausweichen können. Will ein Radfahrer an einem Fuhrwerk, Reiter oder Fußgänger oder an ledig geführten oder getriebenen Thieren von hinten vorbeifahren, so hat er dies vorher rechtzeitig durch ein Warnungszeichen mit der Glocke anzukündigen. Fuhrwerke und Reiter haben in diesem Falle soviel Platz einzuräumen, daß der Radfahrer auf dem Fahrdamme links vorbeifahren kann. Beim Vorbeifahren an ledig geführten oder getriebenen Thieren haben Radfahrer, sofern es thunlichst ist, die Seite des Führers oder Treibers zu halten.

§ 5. Bei der Annäherung an Fuhrwerke, Reiter und geführte oder getriebene Thiere und bei dem Vorbeifahren an denselben dürfen Radfahrer nur in gemäßigter Fahrgeschwindigkeit fahren. Werden die Thiere scheu und unruhig, so haben die Radfahrer erforderlichen Falls abzusitzen und das Rad an der Hand vorbeizuführen.

§ 6. Bemerkt der Radfahrer, daß hinter ihm herkommende Reiter oder Führer von Fuhrwerken die Absicht haben, ihn zu überholen, so darf er dies nicht muthwillig verhindern.

§ 7. Mehr als zwei Fahrräder dürfen nicht neben einander fahren. Wenn die Fahrbahn eng ist, sowie beim Vorbeifahren an Reitern, Fuhrwerken, geführten oder getriebenen Thieren müssen die Radfahrer einzeln fahren.

Wettfahren auf öffentlichen Straßen und Wegen, Umkreisen von Fuhrwerken, Thieren und Menschen, sowie ähnliche Handlungen, welche geeignet sind, Menschen oder Eigenthum zu gefährden, den Verkehr zu stören, oder Pferde oder andere Thiere scheu zu machen, sind verboten.

§ 8. Insoweit es im Interesse der Ordnung und Sicherheit des öffentlichen Verkehrs erforderlich erscheint, den Radfahrern in einzelnen Bezirken oder Ortschaften weiter gehende Beschränkungen aufzuerlegen, bleibt den Polizeibehörden der Erlaß entsprechender Vorschriften vorbehalten.

§ 9. Zuwiderhandlungen gegen die vorstehenden Bestimmungen werden, sofern nicht nach den allgemeinen Strafgesetzen eine härtere Strafe eintritt, mit Geldstrafe bis zu 60 Mark geahndet.

Koblenz, den 14. Februar 1894.

Der Ober-Präsident der Rheinprovinz.

Gesindeordnung für die Rheinprovinz.
Vom 19. August 1844. (G. S. 1844. S. 410.)

Wir Friedrich Wilhelm 2c. 2c. verordnen unter Aufhebung aller entgegenstehenden gesetzlichen Verordnungen, namentlich:
1. der Bergischen Verordnungen vom 16. November 1744 und vom 15. Dezember 1751;
2. der Bergischen Gesinde-Ordnung vom 4. Dezember 1801;

3. der Gesinde=Ordnung für die Stadt Düsseldorf vom 14./16. November 1809 und

4. der Gesinde=Ordnung für die Stadt Wetzlar vom 10. Sept. 1811, für den ganzen Umfang der Rheinprovinz, mit Ausnahme der Kreise Rees und Duisburg, in welchen die Gesinde=Ordnung vom 8. November 1810 Gesetzeskraft behält, was folgt:

Begründung des Dienstverhältnisses.

§ 1. Das Verhältniß zwischen Herrschaft und Gesinde wird begründet durch einen Vertrag, in welchem der eine Theil zur Leistung häuslicher oder wirthschaftlicher Dienste, jedoch nicht tageweise, sondern auf einen bestimmten längeren, ununterbrochenen Zeitraum, der andere Theil dagegen aber zur Zahlung eines bestimmten Lohnes sich verpflichtet.

Solche Personen, welche nur einzelne, bestimmte Geschäfte in der Haushaltung übernehmen, oder deren Dienstleistungen eine besondere Vorbildung erfordern, stehen nicht in dem Verhältnisse des Gesindes.

§ 2. In der ehelichen Gesellschaft kommt es dem Manne zu, das zum Gebrauch der Familie nöthige Gesinde zu miethen. Weibliche Dienstboten kann die Frau zwar annehmen, ohne daß es dazu der ausdrücklichen Einwilligung des Mannes bedarf; doch kann dieser, wenn ihm das angenommene Gesinde nicht ansteht, die Entlassung desselben mit dem Ablauf der am Orte hergebrachten Dienstzeit, ohne Rücksicht auf die Dauer der vertragsmäßig festgesetzten Dienstzeit, jedoch nur nach vorgängiger Aufkündigung, verfügen.

§ 3. Wer sich als Gesinde vermiethen will, muß über seine Person frei zu bestimmen berechtigt sein.

§ 4. Die Herrschaft, welche Gesinde miethet, muß sich von dessen Befugniß, den Dienst einzugehen, überzeugen.

§ 5. Hat Jemand mit Verabsäumung dieser Vorschrift (§ 4) ein Gesinde angenommen, so muß auf den Einspruch desjenigen, welchem ein Recht über die Person oder auf die Dienste des Angenommenen zusteht, der Mieths=Kontrakt als ungültig sofort wieder aufgehoben werden.

Gesindemäkler.

§ 6. Niemand darf mit Gesindemäkeln sich abgeben, der nicht dazu die Erlaubniß der Orts=Polizei=Behörde erhalten hat.

Von dieser werden auch der Mäklerlohn und die von den Mäklern zu erfüllenden Obliegenheiten, nach den besonderen örtlichen Verhältnissen, ein für allemal festgesetzt.

§ 7. Gesinde=Mäkler, welche bei Vermittelung eines Mieths=Vertrages den Vorschriften der §§ 3—6 zuwiderhandeln, ingleichen diejenigen, welche zur Verlassung des Dienstes anreizen, oder wider besseres Wissen einen untauglichen oder untreuen Dienstboten als brauchbar oder zuverlässig empfehlen, haben eine Polizeistrafe von 5 bis 10 Thaler oder verhältnißmäßigem Gefängnisse und im Rückfalle zugleich die Ausschließung vom Betriebe des Mäklergewerbes verwirkt. Außerdem haften sie für den durch wissentlich verhehlte Fehler des Gesindes verursachten Schaden.

Schließung des Miethsvertrages.

§ 8. Die Abschließung des Miethsvertrages kann in allen Fällen auch durch Zeugen bewiesen werden.

§ 9. Die Einhändigung und Annahme des Miethsgeldes gilt als Beweis des geschlossenen Vertrages. Die einseitige Zurückgabe des Miethsgeldes löset den Vertrag nicht auf.

§ 10. Das Miethsgeld wird, wenn nicht ein Anderes verabredet worden, auf den Lohn nicht abgerechnet.

§ 11. Hat sich ein Dienstbote bei mehreren Herrschaften zugleich vermiethet, so gebührt derjenigen, mit welcher er den Miethsvertrag zuerst eingegangen ist, der Vorzug. Den anderen Herrschaften muß der Dienstbote Miethsgeld, Mäklerlohn und Schadenersatz gewähren, deren Betrag die erstere Herrschaft von dessen Lohn abzuziehen hat.

§ 12. Außerdem ist der Dienstbote, welcher sich an mehrere Herrschaften zugleich vermiethet hat, mit einer polizeilichen Geldbuße, welche dem einfachen Betrage des von der zweiten und folgenden Herrschaft erhaltenen Miethsgeldes gleichkommt, zu belegen, vorbehaltlich der strengern Ahndung im Falle eines dabei verübten strafbaren Betruges.

Antritt und Dauer der Dienstzeit.

§ 13. Die Zeit des Antritts, die Kündigungsfrist, so wie die Dauer des Dienstes richtet sich nach der Ortsgewohnheit, wenn nicht bei dem Miethsvertrage ausdrücklich ein Anderes bestimmt ist. Doch kann kein Miethsvertrag auf länger als 3 Jahre hinaus mit rechtsverbindlicher Kraft geschlossen werden. Ist die Dauer des Dienstes weder in dem Vertrage, noch durch Ortsgewohnheit bestimmt, oder sind von der verabredeten oder ortsüblichen längern Dienstzeit 3 Jahre verflossen, so steht es jedem Theile frei, nach vorgängiger ortsüblicher Kündigung von dem Vertrage wieder abzugehen. Dienst-Verträge, welche Eltern oder Vormünder für ihre Kinder oder Pflegebefohlene abschließen, können von diesen nach Entlassung aus der väterlichen Gewalt oder nach erlangter Volljährigkeit aufgekündigt werden.

§ 14. Ein in der ortsüblichen oder verabredeten Frist nicht gekündigter Dienst-Vertrag ist als stillschweigend erneuert zu betrachten, wenn nicht die Fortdauer desselben an eine ausdrückliche Verlängerung gebunden worden ist.

§ 15. Weigert sich die Herrschaft, das Gesinde anzunehmen, ohne daß einer derjenigen Gründe, aus welchen sie dasselbe auch vor der Zeit aus dem schon angetretenen Dienst entlassen darf (§ 30), vorliegt, und ohne daß das Gesinde den Dienst anzutreten sich geweigert hat: so verliert sie das Miethsgeld und muß das Gesinde ebenso schadlos halten, wie in dem Falle einer vor der Zeit ohne rechtlichen Grund geschehenen Entlassung aus dem Dienste (§ 41). Die gerichtliche Entschädigungsklage findet jedoch in dem einen wie in dem andern Falle erst dann statt, wenn das Einschreiten der Polizei-Behörde ohne Erfolg geblieben ist.

§ 16. Weigert sich, ohne rechtlichen Grund, das Gesinde, den Dienst anzutreten, so soll es dazu, auf den Antrag der Herrschaft, von der Polizei-Behörde unter Androhung einer Geldstrafe von 1 bis 5 Thaler, oder verhältnißmäßigen Gefängnisses, aufgefordert werden. Diese Strafe wird, wenn die Aufforderung erfolglos bleibt, von der Orts-Polizei-Behörde festgesetzt. Außerdem bleibt das Gesinde zur Zurückgabe des Miethsgeldes und für allen aus der Nichterfüllung des Vertrages entstehenden Nachtheil verhaftet.

§ 17. Das Gesinde kann zum Antritt des Dienstes nicht gezwungen werden, wenn die Herrschaft im letztverflossenen Jahre gegen ihr Gesinde sich Handlungen erlaubt hat, wodurch dieses nach § 35 zur Verlassung des Dienstes ohne Aufkündigung berechtigt war; in diesem Fall, so wie auch dann, wenn das Gesinde durch Zufall oder Verheirathung den Dienst anzutreten verhindert wird, muß die Herrschaft sich mit Zurückgabe des Miethsgeldes begnügen.

Pflichten des Gesindes im Dienste.

§ 18. Das Gesinde muß sich allen seiner Leibesbeschaffenheit und seinen Kräften angemessenen hauswirthschaftlichen Verrichtungen nach Anordnung der Herrschaft unterziehen.

Auch Dienstboten, welche nur zu gewissen Arbeiten oder Diensten angenommen sind, müssen dennoch auf Verlangen der Herrschaft andere Verrichtungen mit übernehmen, wenn das andere dazu bestellte Gesinde durch Krankheit oder sonst daran verhindert wird.

§ 19. Das Gesinde ist ohne Erlaubniß der Herrschaft nicht berechtigt, sich in den ihm aufgetragenen Geschäften durch Andere vertreten zu lassen. Hat es sich durch eine ihm als untauglich oder verdächtig bekannte Person vertreten lassen, so muß es für den der Herrschaft dadurch verursachten Schaden haften.

§ 20. Das Gesinde hat sich der häuslichen Ordnung, wie sie von der Herrschaft bestimmt wird, zu unterwerfen. Es ist schuldig, seine Dienste treu, fleißig und aufmerksam zu verrichten und die Befehle und Verweise der Herrschaft mit Ehrerbietung und Bescheidenheit anzunehmen.

§ 21. Das Gesinde muß der Herrschaft den durch Vorsatz oder grobes Versehen zugefügten Schaden ersetzen. Für den durch geringes Versehen zugefügten Schaden haftet das Gesinde nur dann, wenn es gegen den ausdrücklichen Befehl der Herrschaft gehandelt, oder sich zu solchen Geschäften vermiethet hat, die einen vorzüglichen Grad von Geschicklichkeit oder Aufmerksamkeit erfordern.

§ 22. Das Gesinde ist schuldig, auch außer dem Dienste das Beste der Herrschaft zu befördern und Schaden und Nachtheil, so viel in seinen Kräften steht, von derselben abzuwenden.

§ 23. Die ihm zum Ausgehen in eigenen Angelegenheiten von der Herrschaft gestattete Zeit darf das Gesinde nicht überschreiten.

Pflichten der Herrschaft.

§ 24. Die Herrschaft muß dem Gesinde die nöthige Zeit zur Theilnahme am öffentlichen Gottesdienste frei lassen.

§ 25. Zieht ein Dienstbote aus Veranlassung des Dienstes durch Verschulden der Herrschaft sich eine Krankheit zu, so ist die Herrschaft verpflichtet, für die Kur und Verpflegung desselben, auch über die Dienstzeit hinaus, zu sorgen, und darf vom Lohne dieserhalb nichts abziehen.

§ 26. Wird ein Dienstbote sonst ohne eigenes Verschulden im Dienste krank, so hat die Herrschaft ihm eine unentgeltliche Verpflegung auf vier

Wochen, oder bis zum Ende der Dienstzeit, wenn dieses früher eintritt, ohne Abzug am Lohn, zu gewähren. Kurkosten muß jedoch der Dienstbote aus eigenen Mitteln bestreiten.

Sind an dem Orte öffentliche Anstalten vorhanden, wo dergleichen Kranke aufgenommen werden, so muß das Gesinde es sich gefallen lassen, wenn die Herrschaft seine Unterbringung daselbst veranstaltet.

§ 27. Der Herrschaft wird auf ihren Eid geglaubt, wenn die Frage entsteht, wie viel Lohn ausbedungen worden, ob der Lohn des abgelaufenen Jahres gezahlt sei, und wie viel für das laufende Jahr auf Abschlag gezahlt worden?

Aufhebung des Vertrages.
I. Durch den Tod.

§ 28. Stirbt ein Dienstbote, so können seine Erben Lohn und Kostgeld nur soweit fordern, als solche für die Zeit bis zum Krankenlager rückständig sind. Die Begräbnißkosten fallen der Herrschaft nicht zur Last.

§ 29. Stirbt das Haupt der Familie, oder dasjenige Mitglied derselben, für dessen besondere Bedienung das Gesinde gemiethet worden, so braucht dieses nicht länger als bis zur nächsten ortsüblichen Ziehzeit beibehalten zu werden; doch ist ihm die Entlassung mindestens acht Tage vor der Ziehzeit anzukündigen.

§ 30. Erfolgt diese Ankündigung nach der Kündigungsfrist, so muß dem Gesinde der baare Lohn für das nächstfolgende Vierteljahr statt Entschädigung für die verspätete Kündigung gewährt werden.

Monatsweise gemiethetes Gesinde erhält in einem solchen Falle, wenn der Tod vor dem 15. Monatstage sich ereignet, Lohn und Kost nur auf den laufenden, sonst aber auch auf den folgenden Monat.

§ 31. Der Tag der Konkurs-Eröffnung über das Vermögen der Herrschaft ist in Beziehung auf den Dienstvertrag dem Todestage gleich zu achten.

II. Ohne Aufkündigung von Seiten der Herrschaft.

§ 32. Ohne Aufkündigung kann die Herrschaft das Gesinde sofort entlassen, wegen Untreue, hartnäckigen Ungehorsams, oder durch eigene Schuld veranlaßter Unfähigkeit, wegen Unsittlichkeiten, durch welche die Ruhe oder Sicherheit des Hauses gestört wird, und überhaupt wegen solcher Handlungen, welche, wie die angeführten, mit dem nach der Natur des Dienst-Verhältnisses in das Gesinde zu setzenden Vertrauen und mit einer geregelten Hausordnung unvereinbar sind.

III. Ohne Aufkündigung von Seiten des Gesindes.

§ 33. Das Gesinde kann den Dienst ohne vorherige Aufkündigung verlassen:

    a. wenn es von der Herrschaft sehr hart behandelt wird,

    b. wenn es häufig ungeeignete Beköstigung erhält,

    c. wenn ihm Unsittliches zugemuthet wird,

    d. wenn es durch schwere Erkrankung zur Fortsetzung des Dienstes unvermögend ist, so wie überhaupt wegen solcher Handlungen der Herrschaft, welche, wie die angeführten, mit den von Seiten des Gesindes an die Herrschaft nach der Natur des Dienstverhältnisses zu machenden Anforderungen unvereinbar sind.

IV. Vor der Zeit, jedoch nach vorgängiger Kündigung.

§ 34. Vor Ablauf der Dienstzeit, jedoch nur nach vorhergegangener Aufkündigung, kann die Herrschaft den Dienstboten entlassen:

a. wenn demselben die nöthige Geschicklichkeit zu den übernommenen Geschäften abgeht,

b. wenn nach geschlossenem Miethsvertrage die Vermögens-Umstände der Herrschaft dergestalt in Abnahme gerathen, daß dieselbe sich entweder ganz ohne Gesinde behelfen, oder doch dessen Zahl einschränken muß.

§ 35. Dienstboten dürfen vor Ablauf der Dienstzeit, jedoch nur nach vorhergegangener Aufkündigung den Dienst verlassen:

a. wenn die Herrschaft den bedungenen Lohn in den festgesetzten Terminen nicht richtig zahlt,

b. wenn die Herrschaft das Gesinde einer öffentlichen Beschimpfung aussetzt,

c. wenn der Dienstbote durch Heirath oder auf andere Art zur Anstellung einer eigenen Wirthschaft vortheilhafte Gelegenheit erhält, welche durch Aushaltung der Dienstzeit versäumt werden würde,

d. wenn der Dienstbote, dessen Bruder zum Militairdienste eingestellt wird, nach dem Zeugnisse der Kreisbehörde zur Ernährung und Unterstützung seiner Familie erforderlich ist,

e. wenn das Haupt der Familie oder dasjenige Mitglied derselben, für dessen besondere Bedienung das Gesinde gemiethet worden ist, stirbt.

§ 36. In allen Fällen, wo der Miethsvertrag innerhalb der Dienstzeit, jedoch nur nach vorhergegangener Aufkündigung, aufgehoben werden darf, muß dennoch das laufende Vierteljahr, und bei monatsweise gemiethetem Gesinde, der laufende Monat ausgehalten werden.

§ 37. Wenn die Eltern des Dienstboten wegen einer erst nach der Vermiethung vorgefallenen Veränderung ihrer Umstände denselben in ihrer Wirthschaft nicht entbehren können, oder der Dienstbote in eigenen Angelegenheiten eine weite Reise zu unternehmen genöthigt wird, so kann er zwar ebenfalls seine Entlassung fordern, er muß aber alsdann einen andern tauglichen Dienstboten statt seiner stellen, und sich mit demselben wegen Kost und Lohn, ohne Schaden der Herrschaft, abfinden.

Was bei Aufhebung des Miethsvertrages vor Endigung der Miethszeit an Lohn und Kost zu gewähren ist.

§ 38. In allen Fällen, wo die Herrschaft einen Dienstboten während der Dienstzeit mit oder ohne Aufkündigung zu entlassen berechtigt ist, kann der Dienstbote Lohn und Kost oder Kostgeld nur nach Verhältniß der Zeit fordern, während welcher er wirklich gedient hat.

§ 39. Ein Gleiches gilt von denjenigen Fällen, in denen der Dienstbote wegen einer ihm zugestoßenen Krankheit, oder nach vorgängiger Aufkündigung, den Dienst verlassen darf.

§ 40. In den übrigen Fällen, in denen der Dienstbote sofort und ohne Aufkündigung den Dienst zu verlassen berechtigt ist, muß die Herrschaft demselben Lohn und Kost für die Dauer der Kündigungsfrist geben.

Rechtliche Folgen einer ohne Grund geschehenen Entlassung.

§ 41. Wenn die Herrschaft aus anderen als gesetzmäßigen Ursachen das Gesinde vor Ablauf der Dienstzeit entläßt, so muß dieses sich wegen der Wiederaufnahme an die Polizei-Behörde wenden, welche die Herrschaft zur Fortsetzung des Dienstvertrages aufzufordern hat. Bleibt diese Aufforderung fruchtlos, so muß die Herrschaft dem Gesinde Lohn und Kost für die Dauer der Kündigungsfrist geben.

Rechtliche Folgen einer unrechtmäßigen Verlassung des Dienstes.

§ 42. Gesinde, welches vor Ablauf der Dienstzeit ohne gesetzmäßige Ursache den Dienst verläßt, muß von der Polizei-Behörde auf Verlangen der Herrschaft durch Zwangsmittel zur Fortsetzung desselben angehalten werden, wenn die Herrschaft es nicht vorzieht, sich mit dem Schadenersatz zu begnügen. Das Gesinde hat im letztern Falle nicht nur diesen Schadenersatz zu leisten, sondern ist auch mit einer Polizeistrafe von 1 bis 5 Thalern zu belegen.

Entlassungs-Zeugniß.

§ 43. Die Herrschaft ist verpflichtet, dem Gesinde bei dessen Abzuge ein der Wahrheit gemäßes Zeugniß über die von demselben geleisteten Dienste auszustellen.

§ 44. Werden dem Gesinde in diesem Zeugnisse Beschuldigungen zur Last gelegt, die sein weiteres Fortkommen hindern würden, so kann dasselbe auf polizeiliche Untersuchung antragen.

§ 45. Wird bei dieser Untersuchung die Beschuldigung unbegründet befunden, so muß die Polizei-Behörde dem Gesinde ein Zeugniß auf Kosten der Herrschaft ausfertigen lassen.

§ 46. Hat hingegen die Herrschaft einem Gesinde, welches sich grober Laster und Veruntreuungen schuldig gemacht hat, das Gegentheil wider besseres Wissen bezeugt, so muß sie für allen einem Dritten daraus entstehenden Schaden nach den allgemeinen gesetzlichen Grundsätzen haften, und verfällt in eine Geldstrafe von 1 bis 5 Thalern.

Kompetenz-Bestimmungen.

§ 47. So weit es nur darauf ankommt, die Erfüllung gegenseitiger Verbindlichkeiten während des bestehenden Dienstes, ferner die Annahme oder den Antritt, das Behalten oder Bleiben, den Abzug oder die Entlassung des Gesindes, endlich die Ertheilung eines Abschieds-Zeugnisses von Seiten der Herrschaft zu bewirken, entscheidet die Polizei-Behörde und setzt ihre Entscheidung sofort in Vollzug.

§ 48. Mit Ausnahme der Streitigkeiten über die Beschaffenheit des Entlassungs-Zeugnisses findet zwar gegen die Entscheidung der Polizei-

Behörde die Berufung auf den Rechtsweg statt; bis zur Beendigung desselben behält es jedoch bei den polizeilichen Anordnungen sein Bewenden.

§ 49. Ueber Ansprüche nach Aufhebung des Vertrages hat die Polizei-Behörde niemals zu entscheiden.

§ 50. In Ansehung der Kompetenz der Behörden zur Festsetzung der in dieser Ordnung angedrohten Strafen verbleibt es bei den in den verschiedenen Landestheilen bestehenden allgemeinen Bestimmungen über die Kompetenz in Strafsachen, doch sollen die in den §§ 12 und 42 bestimmten Strafen auch im Bezirke des Apellations-Gerichtshofes zu Köln von den Polizei-Verwaltungsbehörden festgesetzt werden.

Verordnung wegen Einführung von Gesindedienstbüchern.
Vom 29. September 1846. (G. S. 1846. S. 467.)

§ 1. Jeder Dienstbote, welcher nach Publikation dieser Verordnung in Gesindedienste tritt oder die Dienstherrschaft wechselt, ist verpflichtet, sich mit einem Gesindebuche zu versehen.

§ 2. Die Gesindebücher werden nach dem anliegenden Schema gedruckt, sie gewähren Raum zur Eintragung von sechs Dienstattesten und sind bei den Stempelvertheilern für den Preis von 10 Sgr. zu haben.

§ 3. Vor Antritt des Dienstes hat der Dienstbote das Gesindebuch der Polizeibehörde des Aufenthaltorts zur Ausfertigung vorzulegen. An solchen Orten, wo keine Polizeibehörde ihren Sitz hat, kann die Ausfertigung der Gesindedienstbücher den Dorfgerichten (in den westlichen Provinzen den Gemeinde-Vorstehern) durch den Landrath übertragen werden, welcher auch befugt ist, diese Ermächtigung zurückzunehmen.

§ 4. Beim Dienstantritt ist das Gesindebuch der Dienstherrschaft zur Einsicht vorzulegen. Sollte das Gesinde die Vorlegung des Gesindebuches verweigern, so steht es bei der Dienstherrschaft, entweder dasselbe seines Dienstes zu entlassen, oder die Weigerung der Polizeibehörde anzuzeigen, welche alsdann gegen das Gesinde eine Ordnungsstrafe bis zu 2 Thalern oder verhältnißmäßige Gefängnißstrafe festzusetzen hat.

§ 5. Bei Entlassung des Gesindes ist von der Dienstherrschaft ein vollständiges Zeugniß über die Führung und das Benehmen desselben in das Gesindebuch einzutragen. Schreibensunkundige haben mit dieser Eintragung eine glaubhafte Person zu beauftragen, welche diesen Auftrag mit ihrer Namensunterschrift bescheinigen muß. Weigert sich eine Dienstherrschaft, dieser Verpflichtung zu genügen, so ist sie dazu von der Polizei-Behörde durch eine ihr vorher anzudrohende Geldstrafe von 1 bis 5 Thlr. anzuhalten.

§ 6. Wird ein Dienstbote wegen eines Verbrechens bestraft, so hat die Untersuchungsbehörde das Gesindebuch von demselben einzufordern und darin die erfolgte Bestrafung aktenmäßig einzutragen.

§ 7. Geht ein Gesindebuch verloren, so wird die Polizei-Behörde des Orts, wo es zuletzt gedient hat, auf geschehene Anzeige und nähere

Ermittelung der obwaltenden Umstände, die Ausfertigung eines neuen Gesindebuchs veranlassen, in welchem der Verlust des frühern jedesmal ausdrücklich angemerkt werden muß. Die dadurch entstehenden Kosten sind von demjenigen einzuziehen, welcher den Verlust verschuldet hat.

§ 8. Der Dienstbote, welchem ein ungünstiges Zeugniß ertheilt worden ist, kann auf die Ausfertigung eines neuen Gesindebuchs antragen, wenn er nachweist, daß er sich während zweier Jahre nachher tadellos und vorwurfsfrei geführt habe.

§ 9. Ist die Ausfertigung eines neuen Gesindebuchs nothwendig, weil in den bisherigen bereits sechs Zeugnisse eingetragen sind, so kann das Gesinde verlangen, daß das bisherige Gesindebuch dem neuen vorgeheftet werde.

Formular zu einem Gesindebuche.

Nr. (Ausfertigungsnummer der Polizeibehörde.)

Gesindebuch.

für (Vor- und Zunamen)
aus (Heimathsort)
alt
Statur
Augen
Nase
Mund
Haare

Besondere Merkmale
Ob dem Dienstboten die Blattern geimpft sind?
Ob er militärpflichtig ist?

N. N. den
(L. S.)
Name der Behörde.

Polizei-Verordnung der Königl. Regierung zu Köln, in Betreff der Gesindebücher.
Vom 27. Februar 1854. (Amtsbl. 1854. S. 99.)

§ 1. Kein Dienstbote darf fortan in Gesindedienst treten oder die Dienstherrschaft wechseln, ohne mit einem von der Polizeibehörde seines Aufenthaltsorts ausgefertigten Gesindebuche versehen zu sein.

§ 2. Jeder Dienstbote hat beim Ausscheiden aus dem Dienste die Herrschaft um die Eintragung eines vollständigen Zeugnisses über seine Führung und sein Benehmen in das Gesindebuch anzugehen und für den Fall, daß dieselbe die Eintragung eines Zeugnisses weigern sollte, die Polizei-Behörde davon in Kenntniß zu setzen, durch welche sodann die Herrschaft nach Anleitung von § 5 der Verordnung vom 29. September 1846 (oben lit. b.) dazu anzuhalten ist.

§ 3. Jeder Dienstbote hat sowohl binnen 8 Tagen nach seinem Dienstantritte, als binnen 8 Tagen nach seinem Dienstaustritte das Gesindebuch der Polizei-Behörde seines Aufenthaltsorts zur Visirung vorzulegen. Im letztern Falle muß das Zeugniß der letzten Dienstherrschaft bereits im Buche enthalten sein oder es muß der Dienstbote, falls die Herrschaft die Eintragung des Zeugnisses verweigert haben sollte, bereits nach Maßgabe von § 2 der Polizei-Behörde davon Anzeige gemacht haben.

§ 4. Dienstboten, welche den Bestimmungen der §§ 1—3 nicht nachkommen, verfallen in eine Geldbuße von 1—10 Thlr. und im Unvermögensfalle in verhältnißmäßige Gefängnißstrafe.

§ 5. Eine gleiche Strafe trifft die Dienstherrschaft, welche fortan einen Dienstboten in ihren Dienst nimmt, der sich nicht im Besitze eines ordnungsmäßigen Gesindebuches befindet.

Gesetz, betreffend die Verletzungen der Dienstpflichten des Gesindes und der ländlichen Arbeiter.
Vom 24. April 1854. (G. S. 1854. S. 214.)

§ 1. Gesinde, welches hartnäckigen Ungehorsam oder Widerspenstigkeit gegen die Befehle der Herrschaft oder der zu seiner Aufsicht bestellten Personen sich zu Schulden kommen läßt, oder ohne gesetzmäßige Ursache den Dienst versagt oder verläßt, hat auf den Antrag der Herrschaft, unbeschadet deren Rechts zu seiner Entlassung oder Beibehaltung, Geldstrafe bis zu 5 Thalern oder Gefängniß bis zu 3 Tagen verwirkt.

Dieser Antrag kann nur innerhalb 14 Tage seit Verübung der Uebertretung, oder falls die Herrschaft wegen der letztern das Gesinde vor Ablauf der Dienstzeit entläßt, vor dieser Entlassung gemacht werden.

Den Antrag auf Grund des Gesetzes vom 14. Mai 1852 bei der Lokal-Polizeibehörde anzubringen ist nur dann zulässig, wenn weder die Herrschaft, noch ein von ihr bestellter Stellvertreter oder ein Beamter der Herrschaft die Lokalpolizei verwaltet. An Stelle der Lokalpolizei tritt in diesem Falle der Landrath.

Bis zum Anfang der Vollstreckung der Strafe ist die Zurücknahme des Antrags zulässig.

§ 2. Die Bestimmungen des § 1 finden auch Anwendung:
a) auf die bei Stromschiffern in Dienst stehenden Schiffsknechte (Gesetz vom 23. September 1835. G. S. 1835 S. 222);
b) auf das Verhältniß zwischen den Personen, welche von den zu Diensten verpflichteten bäuerlichen Besitzern zur Verrichtung dieser Dienste gestellt werden, und den Dienstberechtigten oder den von ihnen bestellten Aufsehern;
c) auf das Verhältniß zwischen dem Besitzer eines Landgutes oder einer andern Acker= oder Forstwirthschaft, sowie den von ihm zur Aufsicht über die Wirthschaftsarbeiten bestellten Personen und solchen Dienstleuten, welche gegen Gewährung einer Wohnung in den ihm gehörigen oder auf dem Gute befindlichen Gebäuden und gegen einen im Voraus bestimmten Lohn behufs der Bewirthschaftung angenommen sind (Instleute, herrschaftliche Tagelöhner, Einlieger, Kathenleute und dergl.);
d) auf das Verhältniß zwischen solchen Handarbeitern, welche sich zu bestimmten land= oder forstwirthschaftlichen Arbeiten, wie z. B. Erndtearbeiten auf Acker und Wiese, Meliorationsarbeiten, Holzschlagen u. s. w. verdingen haben, und dem Arbeitgeber oder den von ihm bestellten Aufsehern.

§ 3. Gesinde, Schiffsknechte, Dienstleute oder Handarbeiter der § 2 a, b, c, d bezeichneten Art, welche die Arbeitsgeber oder die Obrigkeit zu gewissen Handlungen oder Zugeständnissen dadurch zu bestimmen suchen, daß sie die Einstellung der Arbeit oder die Verhinderung derselben bei einzelnen oder mehreren Arbeitsgebern verabreden, oder zu einer solchen Verabredung Andere auffordern, haben Gefängniß bis zu einem Jahre verwirkt.

§ 4. Hausoffizianten (§ 177 seq. Titel 5 Theil II des Allg. Landrechts) sind den Strafvorschriften dieses Gesetzes nicht unterworfen.

§ 5. Die festgesetzten Geldstrafen fließen zu Orts-Armenkasse.

Nachträge und Berichtigungen.

Der § 9, Absatz 1 der Seite 9 abgedruckten Polizei-Verordnung betr. die Schornstein-Reinigung ist durch die Polizei-Verordnung vom 6. Dezember 1894 aufgehoben und durch folgenden § ersetzt worden:

Die Gebühren sind mit Ausnahme derjenigen, welche für Reinigen der Ofenröhren, Oefen und Herde zu entrichten sind, in allen Fällen von den Hauseigenthümern oder Nutznießern zu zahlen.

Polizei-Verordnung

über den Handel mit Milch in der Stadtgemeinde Mülheim am Rhein.

Auf Grund der §§ 5 und 6 des Gesetzes vom 11. März 1850, der §§ 143, 144 des Landesverwaltungsgesetzes vom 30. Juli 1883 wird hierdurch über den Handel mit Milch in der Stadtgemeinde Mülheim am Rhein die nachstehende Polizei-Verordnung erlassen:

§ 1. Die zum menschlichen Genusse bestimmte, in den Handel gelangende Vollmilch muß bei 15° C ein spezifisches Gewicht von 1,029 bis 1,034 haben und darf nicht weniger als 2,4 % Butterfett und 10,9 % Trockenbestandtheile enthalten.

Abgerahmte Milch oder Magermilch darf nur unter Hervorhebung dieser Eigenschaft im Handel angeboten werden.

Das Mischen mit Wasser ist verboten.

§ 2. Die für den Handel bestimmte Milch darf ferner keine Zusätze von Konservirungsmitteln, wie kohlensaurem Natrium, Salicylsäure, Borax, Borsäure, Kreide, Pottasche u. ä. enthalten.

Ueberhaupt dürfen fremdartige Stoffe, die als Fälschungsmittel dienen könnten, Verwendung nicht finden.

§ 3. Der Vertrieb von Biestmilch, ferner von blauer, rother, schleimiger und bitterer Milch ist verboten, ebenso der Verkauf von Milch solcher Thiere, die an schweren Erkrankungen (wie Maul- und Klauenseuche, Milzbrand, Perlsucht, Pocken, Tollwuth, Gelbsucht, Vergiftungen und ähnlichen) leiden oder wegen Krankheit mit Arzneien behandelt werden.

Ueberhaupt ist der Vertrieb solcher Milch verboten, die verdorben, angesäuert, ekelerregend ist oder irgend welche ungewöhnliche Eigenschaften zeigt.

§ 4. Die zur Aufbewahrung oder zum Handel mit Milch bestimmten Räume der Milchverkäufer müssen stets rein gehalten und sorgfältig gelüftet werden.

Auch dürfen sie nicht als Schlaf- oder Krankenzimmer benutzt werden, oder sich in unmittelbarer Nähe solcher Zimmer oder in der Nähe von Bedürfnißanstalten oder ähnlichen Räumlichkeiten befinden.

Alle zwei Jahre sind sie mit giftfreier, weißer Kalkfarbe frisch zu tünchen.

§ 5. Personen, die an ansteckenden oder ekelerregenden Krankheiten leiden oder mit derartig Erkrankten in Berührung kommen, dürfen sich mit der Behandlung und dem Vertriebe von Milch und Molken nicht befassen.

§ 6. Die für die Aufbewahrung und den Transport der Milch bestimmten Gefäße dürfen nur aus Holz, Zinn, gebrannter Erde, Glas oder stark verzinntem Metall bestehen und sind mit einem dicht schließenden Deckel zu versehen.

Das Aufbewahren der Milch in Gefäßen, aus denen sie fremdartige Stoffe aufnehmen könnte (Gefäße aus bleihaltigem Email, Thongefäßen mit schlecht eingebrannter Glasur, Gefäßen aus Kupfer, Messing, Blei oder Zink) ist verboten.

§ 7. Zum Verschließen der Milchkrüge dürfen gefärbte hölzerne Zapfen, bedrucktes oder beschriebenes Papier nicht verwendet werden; auch dürfen die Verschlußzapfen nicht mit solchem Papier oder mit Lumpen oder Leinenzeug umwickelt werden.

Es ist ferner verboten, die Krüge mit solchem Material zu verstopfen.

§ 8. Die Schöpfkellen und Maßgefäße dürfen nur aus Weißblech oder Glas bestehen und müssen eine solche Weite haben, daß sie leicht gereinigt werden können.

Es ist verboten, sie in der Milch liegen zu lassen.

§ 9. Die auf geschlossenen Milchwagen nach Außen geleiteten Krahne (Abflußhähne) müssen aus gut verzinntem Kupfer oder aus Messing, Holz oder Hartgummi bestehen.

§ 10. Sämmtliche der Gewinnung, Aufbewahrung und dem Vertriebe der Milch dienende Gefäße sind vor der Benutzung sorgfältig zu reinigen und dauernd rein zu erhalten. Insbesondere sind gebrauchte Milchgefäße vor der Wiederbenutzung sorgfältig zu reinigen.

Zur Reinigung darf nur abgekochtes heißes Wasser verwendet werden.

§ 11. Der Milchverkäufer muß seinen Namen und den Inhalt der von ihm geführten Milchgefäße auf diesen durch eine deutliche, nicht abnehmbare Aufschrift kennzeichnen.

Für abgerahmte Milch und Magermilch muß die Angabe mit mindestens 2 cm großen Buchstaben weiß auf schwarzem Grunde gemacht werden.

Das Mitführen von Gefäßen mit Wasser beim Straßenverkaufe ist verboten.

§ 12. Küchenabfälle und andere leicht faulende oder in Zersetzung begriffene Stoffe dürfen auf Milchwagen nur in Gefäßen mit dicht schließenden Deckeln geführt werden.

§ 13. Wer gewerbsmäßig Milch verkaufen will, hat hiervon der Polizeibehörde Anzeige zu machen.

Der Gesundheitszustand des Milchviehs unterliegt der Beaufsichtigung durch den Kreisthierarzt.

§ 14. Zuwiderhandlungen gegen die Bestimmungen dieser Polizei-verordnung werden, sofern nicht durch andere Vorschriften eine höhere Strafe vorgesehen ist, mit einer Geldstrafe von 1 bis 30 Mark bestraft, an deren Stelle für den Fall des Unvermögens des Bestraften verhältnißmäßige Haft tritt.

Die beanstandete Milch unterliegt zugleich der Beschlagnahme und Einziehung.

§ 15. Diese Polizei-Verordnung tritt mit dem Tage ihrer Verkündigung in Kraft.

Mülheim am Rhein, den 14. März 1895.

Der Bürgermeister **Steinkopf**.

Vorstehende Polizei-Verordnung wird hierdurch auf Grund des § 144 des Gesetzes über die allgemeine Landesverwaltung vom 30. Juli 1883 (G. S. S. 195) genehmigt.

Köln, den 17. April 1895.

Der Regierungspräsident
Freiherr von Richthofen.

Bekanntmachung.

Ordnung über die Erhebung einer Hundesteuer im Bezirke der Stadt Mülheim am Rhein.

Auf Grund der §§ 16, 18 und 82 des Kommunalabgabengesetzes vom 14. Juli 1893 wird hierdurch im Bezirke der Stadt Mülheim am Rhein mit Genehmigung der Stadtverordneten-Versammlung daselbst über die Erhebung einer Hundesteuer die nachstehende Ordnung erlassen:

§ 1. Wer einen Hund hält, der ein Alter von drei Monaten erreicht hat, hat für denselben jährlich eine Steuer von 10 Mark zu entrichten. Die Steuer erhöht sich für jeden weiteren Hund auf 15 Mark.

Sie ist in halbjährigen Theilen und zwar in den ersten 14 Tagen eines jeden halben Jahres an die Stadtkasse zu entrichten.

Das erste halbe Jahr erstreckt sich auf die Zeit vom 1. April bis Ende September.

Es ist gestattet, die Steuer für das ganze Jahr in ungetrennter Summe im Voraus zu entrichten.

§ 2. Für einen Hund, der im Laufe eines halben Jahres steuerpflichtig wird (§ 1), sowie für einen steuerpflichtigen Hund, der im Laufe eines halben Jahres angeschafft wird, ist die volle Steuer für das laufende halbe Jahr zu entrichten. Die Zahlung ist innerhalb 14 Tagen vom Beginne der Steuerpflicht an zu bewirken.

§ 3. Wer einen bereits versteuerten Hund erwirbt, mit einem solchen neu anzieht oder einen Hund an Stelle eines eingegangenen versteuerten Hundes erwirbt, darf für das laufende halbe Jahr die gezahlte Steuer in Anrechnung bringen.

§ 4. Steuerrückstände werden im Wege des Verwaltungszwangsverfahrens beigetrieben.

§ 5. Wer einen steuerpflichtigen oder steuerfreien Hund anschafft oder mit einem Hunde neu anzieht, hat diesen binnen 14 Tagen nach der Anschaffung oder dem Anzug bei dem Bürgermeister-Amte anzumelden.

Jeder Hund, der abgeschafft, abhanden gekommen oder eingegangen ist, muß spätestens innerhalb 14 Tagen nach dem Ablaufe des halben Jahres, in dem der Abgang pp. erfolgt ist, abgemeldet werden, widrigenfalls die Steuer fortgezahlt werden muß.

§ 6. Von der Steuer sind die Besitzer solcher Hunde frei, die zur Bewachung oder zum Gewerbe unentbehrlich sind.

Mit dieser Maßgabe tritt die Steuerfreiheit ein:
a) für Hunde, die auf einzeln belegenen Gehöften zur Bewachung gehalten werden;
b) für Hirten- und Fleischerhunde sowie für solche Hunde, die zum Ziehen oder zur Bewachung von Waarenvorräthen benutzt werden.

§ 7. Wer sich durch Verheimlichung eines Hundes der Steuer zu entziehen sucht, unterliegt einer Strafe bis zur Höhe von dreißig Mark.

§ 8. Die über das Halten von Hunden bestehenden polizeilichen Vorschriften werden durch vorstehende Bestimmungen nicht berührt.

§ 9. Diese Ordnung tritt mit dem 1. April 1895 in Kraft.

Mülheim am Rhein, den 28. Februar 1895.

Der Bürgermeister **Steinkopf**.

Vorstehende Ordnung, zu der der Bezirksausschuß am 6. April seine Genehmigung und der Herr Ober-Präsident am 30. desselben Monats seine Zustimmung ertheilt hat, bringe ich hierdurch zur öffentlichen Kenntniß.

Mülheim am Rhein, den 6. Mai 1895.

Der Bürgermeister **Steinkopf**.

Ordnung
über die Erhebung von Lustbarkeitssteuern im Bezirke der Stadt Mülheim a. Rh.

Auf Grund der §§ 15, 18 und 82 des Kommunalabgabengesetzes vom 14. Juli 1893 wird hierdurch im Bezirke der Stadt Mülheim am Rhein mit Genehmigung der Stadtverordneten-Versammlung daselbst über die Erhebung von Lustbarkeitssteuern die nachstehende Ordnung erlassen:

§ 1. Für die im Bezirke der Stadt Mülheim a. Rh. stattfindenden öffentlichen Lustbarkeiten sind an die hiesige Stadtkasse die nachstehenden Steuern zu entrichten:

1. für die Veranstaltung einer Tanzbelustigung im Allgemeinen,
   a) in Lokalen bis 100 ☐m Flächenraum = 15 Mk.,

b) in Lokalen über 100 ☐ m Flächenraum = 30 Mk.
für die Veranstaltung einer Tanzbelustigung, wenn sie von Masken besucht wird
   a) in Lokalen bis 100 ☐ m Flächenraum = 20 „
   b) in Lokalen über 100 „ „   „ = 40 „
2. für die Veranstaltung einer Kunstreitervorstellung (Zirkus) je nach dem zu erwartenden Gewinne des Unternehmers = 20—50 „
3. für die Veranstaltung eines Konzerts oder einer Theatervorstellung = 5 „
4. für Gesangs- oder deklamatorische Vorträge (sog. Tingeltangel) = 30 „
5. für deklamatorische Vorträge anderer Art, insbesondere die Karnevalssitzungen
   a) in Lokalen bis 100 ☐ m Flächenraum = 10 „
   b) in Lokalen über 100 „ „   „ = 20 „
6. für Vorträge auf einem Klaviere, einem mechanischen oder anderen Musikinstrumente in Gastwirthschaften, Schankstuben, öffentl. Vergnügungslokalen, Buden oder Zelten = 10 „
7. für Vorstellungen von Gymnastikern, Equilibristen, Ballet- und Seiltänzern, Taschenspielern, Zauberkünstlern, Bauchrednern und dergleichen, je nach Lage des Falles = 2—20 „
8. für das Halten eines Karussels,
   a) wenn es mit Menschenhand bewegt wird, = 10 „
   b) wenn es mit Pferdekraft bewegt wird, = 20 „
   c) wenn es mit Maschinen betrieben wird, = 30 „
9. für das Halten von Schaukeln,
   a) gewöhnliche = 5 „
   b) russische, Schiffsschaukeln 2c. = 15 „
10. für das Halten einer Spiel- oder Würfelbude = 15 „
11. für das Halten einer Schießbude = 15 „
12. für öffentliche Belustigungen der vorstehend nicht gedachten Art, insbesondere für das Halten eines Marionettentheaters, das Vorzeigen eines Panoramas, Wachsfigurenkabinets, Museums, die Veranstaltung eines Preiskegelns, je nach dem zu erwartenden Gewinne = 3—30 „

§ 2. In den im § 1 Z. 1 gedachten Fällen schließt die höhere Steuer die niedere in sich.

In den im § 1 Z. 2, 7 und 12 gedachten Fällen erfolgt die Festsetzung der Steuer von Fall zu Fall durch den Bürgermeister.

§ 3. Die Steuer ist vor Beginn der Lustbarkeit und in den im § 1 Z. 8, 9, 10, 11 und 12 bestimmten Fällen für den Tag zu zahlen.

Für die Zahlung haftet derjenige, der die Lustbarkeit veranstaltet und, falls ein geschlossener Raum für die Veranstaltung hergegeben wird, der Besitzer desselben. Jeder haftet für die Steuer auf das Ganze.

§ 4. Den öffentlichen Lustbarkeiten im Sinne dieser Ordnung werden diejenigen gleichgestellt, die von geschlossenen oder zu diesem Behufe gebildeten Vereinen oder Gesellschaften veranstaltet werden.

Solche öffentliche Lustbarkeiten, bei denen ein höheres wissenschaftliches oder Kunstinteresse obwaltet, sind gebührenfrei.

Bei öffentlichen Lustbarkeiten, deren Reinertrag zu einem wohlthätigen Zwecke bestimmt ist, kann die Zahlung der Steuer vom Bürgermeister erlassen werden.

§ 5. Die am Königs-Geburtstage und am Sedanfesttage stattfindenden Lustbarkeiten sind abgabenfrei.

§ 6. Zuwiderhandlungen gegen die Bestimmungen dieser Ordnung unterliegen einer Strafe von 1—30 Mark.

§ 7. Unberührt bleiben die über Veranstaltung öffentlicher Lustbarkeiten in der Stadt Mülheim erlassenen polizeilichen Vorschriften.

§ 8. Vorstehende Ordnung tritt am 1. April 1895 in Kraft.

Mülheim am Rhein, den 6. April 1895.

Der Bürgermeister:
Steinkopf.

Vorstehende Ordnung, zu der der Bezirks-Ausschuß am 13. April seine Genehmigung und der Herr Ober-Präsident am 1. Mai cr. seine Zustimmung ertheilt hat, bringe ich hierdurch zur öffentlichen Kenntniß.

Mülheim am Rhein, den 7. Mai 1895.

Der Bürgermeister:
Steinkopf.